Inhalt

Vorwort

Kassensturz am Samstagmittag: Weekend-Feeling oder Katzenjammer? Für einen Fünfziger bekommt man heute nicht mehr allzu viel in den Einkaufswagen. Viele geben dem Euro die Schuld und behaupten, der Handel hätte nur die Währungen auf den Schildchen ausgetauscht. Andere machen gierige Kapitalisten oder die allgemeine Schlechtigkeit der Welt dafür verantwortlich. Wie auch immer: Die Lebensmittelpreise – wie die für alles andere – steigen so sicher wie der Rheinpegel im Winter.

Aber wir sollten uns auch an die eigene Nase fassen. Sind wir nicht bequem geworden? Nehmen wir nicht allzu gern die praktischen Angebote wahr, die unzähligen Fertiggerichte, die nur noch aufgewärmt werden müssen? Die Tiefkühlpizza wird immer schneller fertig – neuerdings gibt's eine, die in der Mikrowelle nur drei Minuten braucht –, der Blitzreis kommt schon fertig gegart im Plastikbecher daher und so weiter und so bequem. Fürs Vorkochen lässt sich die Industrie natürlich gut bezahlen.

Selbstverteidigung mit dem Kochlöffel

Egal, ob Sie sparen *müssen*, weil Ihre Lebenslage im Moment nicht so rosig ist, ob Sie sparen *wollen*, um sich trotz Krise Ihr Hobby leisten zu können, oder ob Sie zu den eingefleischten Sparfüchsen gehören, denen das Knausern seit jeher im Blut liegt – Sie haben ein Recht darauf, beim täglichen Einkauf so viel wie möglich für Ihr gutes Geld zu bekommen und trotzdem nicht auf Genuss und gesunde Nährstoffe zu verzichten.

Mit der folgenden Doppelstrategie gelingt das Sparen garantiert: 1. Preise vergleichen und günstig einkaufen; 2. So weit wie möglich auf Vorgefertigtes verzichten und selbst den Kochlöffel schwingen. Je nachdem, wie konsequent Sie vorgehen, können Sie zehn bis zwanzig Prozent Ihres Lebensmittelbudgets einsparen – und zwar ohne Einbußen für Ihre Gesundheit. Im Gegenteil: Die freut sich wahrscheinlich noch darüber. Und das Beste: Das Eingesparte ist Ihr Reingewinn – vollkommen steuerfrei natürlich!

Jetzt höre ich schon den Aufschrei: Treiben die Geizhälse die Wirtschaft endgültig in den Ruin? Droht der »Konsumentenstreik«? Ach was, die Verbraucher haben schon längst mit den Füßen abgestimmt. Während im vergangenen Jahr alle Wirtschaftszweige Einbußen verzeichneten, stiegen die Umsätze der Discounterketten um zweistellige Raten.

Und: Vom Ersparten können Sie ja immer noch einen neuen Fernseher kaufen und damit die Wirtschaft ankurbeln. Außerdem: Wenn wir gesund bleiben, weil wir uns den Magen nicht mit Fastfood verkleben, nützt das auch der Allgemeinheit und senkt die Kosten der Krankenversicherungen.

Ja, aber ... – kann man denn mit wenig Geld gesund kochen? Und ist billiges Essen nicht immer kalorienreich? Wer so fragt, erinnert sich wahrscheinlich an die einfache Küche von früher, die vor allem die Älteren von uns noch kennen gelernt haben: fett- und kohlehydratreiche Mahlzeiten, die den schwer schaffenden Arbeitern auf dem Land und in den Fabriken billig den nötigen Brennstoff lieferten. Aber keine Angst: Heute geht's auch preiswert und gesund zugleich. Schauen Sie doch mal bei Aldi rein und betrachten Sie die hoch getürmten Obst- und Gemüseberge! Was könnte gesünder sein? Auch mageres Hähnchen- und Putenfleisch, früher ein Edelprodukt, ist heute frisch oder tiefgekühlt günstig zu kaufen. Und frischen Fisch – im Fachgeschäft für sparsame Menschen kaum noch erschwinglich – gibt's in Aldis Tiefkühltheke als preiswerte Bereicherung des Speisezettels.

Aber auch die umgekehrte Sorge ist unberechtigt, nämlich ob man von den 1-Euro-Gerichten dieses Kochbuchs überhaupt satt wird. Oder ob man bald aussieht wie der Suppenkaspar. Ich kann Sie auch in dieser Hinsicht beruhigen: Im Laufe der Jahre habe ich – bei stets preisbewusster Küche – schon zwischen fünfzig und achtzig Kilo gewogen. Ich bin also der lebende Beweis dafür, dass sparsam kochen nichts mit Hungern zu tun hat! Denn Dick- und Krankmacher kommen ebenso in allen Preisklassen vor wie leichte, gesunde Kost. Sie können sich schließlich mit teuren Delikatessen genauso vollstopfen wie mit Billigware (wobei wir natürlich nicht verschweigen wollen, dass uns die Industrie in der preiswerten Liga mit Vorliebe Fett- und Zuckerbomben anbietet.)

Jetzt wird nicht mehr gegessen, was auf den Tisch kommt!

Keine Lust mehr zu essen, was die Industrie Ihnen vorsetzt, und zu konsumieren, was die Werbung Ihnen aufdrängt? Früher war es selbstverständlich, aus frisch eingekauften Zutaten zu Hause warme Mahlzeiten zuzubereiten – leider ist diese Tradition inzwischen ziemlich aus der Mode gekommen. Haben Sie das Kochen verlernt? Oder noch nie gekonnt? Greifen Sie (wieder) zum Kochlöffel, denn auch für Sie ist dieses Buch geschrieben.

Die Gerichte auf den folgenden Seiten sind einfach, schnell und aus wenigen Bestandteilen zuzubereiten – leckere Alltagsküche eben. Anfänger können die Rezepte leicht nachkochen, für Fortgeschrittene enthalten sie Anregungen für eigene Kreationen. Fast alle Zutaten sind bei Aldi erhältlich.

Und das Beste: Fast alle Gerichte kosten weniger als 1 Euro pro Person. Nur in einigen Ausnahmefällen (z.B. im Kapitel 3, Fisch) sind wir mal ein wenig über die 1-Euro-Grenze gerutscht. Aber entsprechend dem Titel garantiere ich: Vorne steht nie eine größere Zahl als die »1«.

Die Gerichte sind in der Regel für 2 Personen berechnet; die Preise sind jeweils pro Esser angegeben. Bei frischen Erzeugnissen wie Obst und Gemüse, deren Preise saisonal variieren, konnte natürlich nur ein ungefährer Preis zugrunde gelegt werden. Bei Zutaten, deren Kosten so gering sind, dass sie kaum in Cent auszudrücken sind (1 EL Mehl, ein Schuss Sahne, 1 Prise Salz), wurde »über den Daumen gepeilt« und dem Endpreis ein kleiner Betrag zugeschlagen.

Alle Kapitel enthalten zusätzlich nützliche Koch-Tipps.

Bevor es losgeht: Tipps für Sparköche

Was man blau auf weiß besitzt …

Seit uns so gut wie alle Supermärkte, Discounter und Kaufhäuser mit ihren Computer-Kassen eine genaue Liste unserer Einkäufe liefern, fällt das Folgende leicht: Sammeln Sie eine oder zwei Wochen lang die Kassenzettel. Dann nehmen Sie sich eine Stunde Zeit und einen Taschenrechner und finden Folgendes heraus:

1. Wie groß ist die Summe, die Sie im Durchschnitt täglich für Lebensmittel ausgeben?
2. Für welche Artikel wenden Sie das meiste Geld auf?

Nun wählen Sie einen Tag aus, an dem Sie nichts einkaufen, sondern die Mahlzeiten mit dem bestreiten, was in Vorratsregal, Kühlschrank und Tiefkühlung schlummert. Nehmen Sie die eingesparte Tagessumme in bar aus dem Portmonee. Von diesem Geld leisten Sie sich eine ganz besondere persönliche Kleinigkeit, auf die Sie sonst aus Geldmangel verzichtet hätten: einen neuen Nagellack, eine Sportzeitung, ein Computerspiel. Durch diese kleine Motivations-Aktion bekommen Sie ein Gefühl für den Wert der Summe, die Sie mit der Doppelstrategie einsparen können.

Außerdem besitzen Sie jetzt ein grobes Profil Ihres Konsumverhaltens und können überlegen, welches die ersten Schritte zum Sparen sein könnten:

- Zu viele teure Getränke? Vielleicht sollten Sie Ihre Einkäufe – vom Saft bis zum Rotwein – bei Aldi oder in einem der großen Getränkemärkte erledigen oder sich eine Sprudelmaschine anschaffen.
- Zu jedem Fernsehabend Knabbereien der teuren Marken? Kaufen Sie die Chips und Flips bei Aldi und kippen Sie sie in hübsche Schälchen – wetten, niemand merkt den Unterschied?
- Alle Tiefkühlprodukte vom Fischstäbchen-Käpt'n? Probieren Sie mal die No-

Name-Hausmarken und schauen Sie, was Aldi und andere Discounter so auf der Pfanne – pardon – in der Kühltheke haben.

Es gibt keine schlechten Köche, nur schlecht ausgestattete Küchen: Geräte und Ausrüstung

Wenn Sie glauben, dass Sie der Kochtyp sind, der sogar das Wasser anbrennen lässt, fehlt Ihnen vielleicht bloß das richtige Gerät. Eine schöne schwere *Deckelpfanne* mit einer guten Anti-Haft-Beschichtung, *Edelstahltöpfe* mit einem super-wärmespeichernden Sandwich-Boden, *Küchenmesser*, die auch scharf bleiben – das alles kostet zwar zunächst Geld, erleichtert das Kochen aber ungemein und ist eine Investition in eine sparsamere Kochzukunft.

Rat an Singles und die studierende Jugend: Von der lieben Verwandtschaft schenken lassen! Eltern und Erbtanten betrachten den Weihnachtswunsch nach einem *Schnellkochtopf* entzückt als ein Anzeichen von Häuslichkeit und erfüllen ihn gern.

Ideal wäre eine *Küchenmaschine* zum Schnippeln, Hacken, Kneten, Mixen. Zur Not tut's aber auch ein *Rührgerät* zum Rühren und Kneten und ein *Pürierstab*. Beides bewegt sich in der Preisklasse typischer Geschenke aus der Verwandtschaft.

Gute Dienste tut ebenfalls ein (simpler) *Fleischwolf* zum Herstellen von Hackfleisch und von Paniermehl aus getrocknetem alten Brot.

Woran Sie nicht sparen sollten: Öle und Fette

Nachdem jahrelang mehrfach ungesättigte Fettsäuren, wie sie in Distel-, Sonnenblumen- und Maiskeimöl vorkommen, als Gesundmacher hochgejubelt wurden, warnen Ernährungswissenschaftler heute vor den darin enthaltenen Omega-6-Fettsäuren, die im Körper jede Menge freie Radikale erzeugen. Diese kleinen Übeltäter werden für Zellschäden und frühes Altern verantwortlich gemacht. Olivenöl, vor allem kalt gepresstes, enthält dagegen überwiegend einfache ungesättigte Fettsäuren. Nehmen Sie also zum Braten und für Salate Aldis gutes *Olivenöl*! Die kleine Mehrausgabe wirkt sich kaum auf Ihr Budget aus; schließlich verwenden Sie es ja – hoffentlich! – nicht literweise.

Auch bei dem, was wir uns aufs Brot streichen, ist übergroße Sparsamkeit nicht angesagt. Gehärtete Fette, wie sie in Margarine enthalten sind, fördern nach Ansicht der Wissenschaft Herzkrankheiten und verschiedene Krebsarten. Wenn schon Fett aufs Brot, dann *Butter*! Die Zeiten sind lange vorbei, in denen sparsame Menschen sich »gute Butter« höchstens am Sonntag leisten konnten. Auch ein wenig Butter ans Gemüse schmeckt delikat und schadet nicht, wenn Sie nicht gerade Diät halten. Und Kurzbraten in einer Halb-und-halb-Mischung aus Olivenöl und Butter kommt aus der Feinschmeckerküche und verleiht dem Fleisch ein köstliches Aroma.

Kräuter und Gewürze

Aldis Gewürzbord ist relativ schmal: Nach Salz, Pfeffer und Paprika ist erst einmal Schluss. Chili, Piment, Kreuzkümmel und anderes, was auf den folgenden Seiten gelegentlich auftaucht, müssen sich Sparköche leider woanders besorgen. Aufpassen sollte man beim Curry. Das ist kein einzelnes Gewürz, sondern eine Mischung, deren Urahn das indische – und dort natürlich zu Hause selbst hergestellte – »Garam masala« ist. Preiswertes und gutes Currygewürz zu finden ist eine Herausforderung; die Gefahr ist groß, an zu scharfe oder nach dem Motto »Hauptsache gelb« zusammengerührte, fad schmeckende Pulver zu geraten. Zu empfehlen ist die javanische Currymischung aus dem Spezialitätenregal eines normalen Supermarkts, die sich auf Indonesisch »Kerrie Djawa« nennt – nicht zu scharf und sehr aromatisch.

Äußerst praktisch sind Aldis gefriergetrocknete *Kräuter* im Glas. Ich mag vor allem die »Salatkräuter«, die sich keineswegs nur für Salat, sondern auch für Dips, Kräuterquark, Kräuterbutter etc. eignen. Perfekt sind sie auch als Zugabe für Gemüsesuppen, klare Suppen oder Kräutersoßen, denen sie Farbe, geschmacklichen Pep und ein paar Extra-Vitamine verleihen – wir nehmen jedenfalls zu Aldis Gunsten mal an, dass die kleinen Kerle bei der schonenden Gefriertrocknung weitgehend erhalten bleiben ...

Noch schmackhafter ist es natürlich, wenn Sie frische Kräuter verwenden, die Sie auf dem Fensterbrett oder dem Balkon ziehen. Immer wieder bietet Aldi Standardsorten wie Schnittlauch und Petersilie, aber auch Kräuter wie Minze, Melisse oder Thymian an. (Nur 0,99 € für den einzelnen Topf, 2,99 € für einen kleinen Kasten mit Petersilie, Schnittlauch und Basilikum.) Nebenbei durchströmen auch noch wunderbare Gartendüfte Ihre Küche!

Kräuter hacken finden Sie anstrengend? Komisch – es spukt immer noch die Idee durch deutsche Küchen, dass man für kleine Teile kleine Messer brauche. Nehmen Sie doch einfach mal das große, scharfe Fleischmesser! Die Chinesen benutzen auch für feine Arbeiten ihr dickes Küchenbeil; die Italiener nehmen die »Mezzaluna« (Wiegemesser). Oder, auch ganz einfach: ein gut scharfes Pizza-Rad über die Kräuter führen!

Singles – nicht verzweifeln!

Der Single, ob männlich oder weiblich, ist der typische Konsument tiefgekühlter oder eingedoster Fertiggerichte. Auf die Dauer geht das leider nicht nur auf die Gesundheit und das Portmonee, sondern wird auch laaaangweilig. Wie viele Sorten Tiefkühl-Pizza kennen Sie? Und, mal ehrlich: Die schmecken doch alle gleich, mit diesem merkwürdigen Süßmacher, der sich in den angeblichen Paprikastückchen versteckt. Also ran an den Kochtopf! Die meisten der Rezepte in diesem Buch sind ja für zwei Personen entworfen, so dass die Mengen sich leicht halbieren lassen. Und für ganz Faule: Wie Sie Dosenfutter gesund und preiswert aufpeppen, ist im Kapitel »Fertiggerichte« nachzulesen.

Sinnvoll ist auch die Methode »Einmal kochen – zweimal essen«. Sie bereiten von einem Hauptgericht oder einer Beilage eine größere Menge zu, deren zweite Hälfte Sie bereits als Bestandteil zukünftiger Mahlzeiten einplanen. Das spart Zeit und Geld. Allerdings ist dafür ein Tiefkühlgerät nötig oder doch wenigstens ein Drei-Sterne-Gefrierfach im Kühlschrank, in dem Sie für einige Tage Vorräte aufbewahren können.

Nie ohne meine Stulle!

Viele sparsame Menschen – nicht nur Singles oder Büroangestellte – gehen grundsätzlich nicht ohne eine Notfallverpflegung und eine Getränkeflasche oder Thermoskanne mit Kaffee oder Tee aus dem Haus. Erfinden Sie wunderbare Sandwiches! Die Kombinationsmöglichkeiten sind unendlich. Und es müssen ja nicht immer Butterbrote sein! Ein frischer Salat (für empfindliche Blattsalate das Dressing in einer kleinen Flasche mitnehmen und erst später mischen), eine kalte Suppe, Frikadellen oder kalter Braten sind leckere Pausensnacks.

Noch so ein Punkt, wo Sie nicht am falschen Platz sparen sollten: Kaufen Sie wirklich die allerbesten Frischhaltedosen, die Sie bekommen können. Die Kosten haben Sie bald heraus und der Inhalt Ihrer Aktentasche ist vor Fettflecken und unwillkommenen Überschwemmungen geschützt.

Und auch wenn Shopping oder andere Erledigungen sich länger hinziehen, als der Magen es erwartet hatte, ist es unangenehm, auf einen fettigen Imbiss angewiesen zu sein – Pizza, Pommes & Co. – oder aus Not irgendwo einkehren zu müssen. Nichts gegen ein schönes Essen im Restaurant; aber dann als besonderer Anlass geplant und mit Genuss zelebriert! Also: Nehmen Sie sich einfach etwas Selbstgemachtes von zu Hause mit.

Und jetzt ... an die Kochtöpfe, fertig, los!

1. Suppen für alle Lebenslagen

Ob als Vorspeise, leichtes Hauptgericht oder kräftiger Eintopf – eine gute Suppe wärmt den Magen und erfreut die Seele. Der Hühnersuppe sagt man nach, sie könne jede Krankheit heilen; und angeblich ist man in den USA dabei, die medizinische Wirkung von Hühnerbrühe wissenschaftlich zu erforschen. Daher beginnt dieses Kapitel auch mit Hühnersuppen-Variationen, die große und kleine Esser gern auslöffeln.

Klassische Hühnersuppe

Beilage: Baguette

Zutaten für 4 Portionen:
1 Brathuhn
1-2 Zwiebeln
getrocknetes Suppengrün
Salz
Suppennudeln
1 Baguette

Das Huhn antauen lassen, damit der Plastikbeutel mit den Innereien, der im Hals steckt, entfernt werden kann. Mit 1 bis 2 halbierten Zwiebeln, getrocknetem Suppengrün und Salz kalt aufsetzen und zum Kochen bringen. Den anfangs austretenden Schaum abschöpfen; dieses geronnene Eiweiß macht sonst später die Brühe trüb. Garen, bis das Fleisch beginnt, sich von den Knochen zu lösen (bei Hähnchenschenkeln reicht eine halbe, beim Brathuhn eine Stunde). Das Huhn herausheben und abkühlen lassen. Fleisch von den Knochen lösen und beiseite stellen.

Die Brühe erhitzen und das Fleisch hineingeben. Die Suppennudeln in der Brühe garen. (Wenn die Suppennudeln ausgegangen sind, Spagetti in kleine Stückchen brechen.)

Preis:
ca. 0,80 €
pro Person

Tipps:

- Kein so genanntes »Suppenhuhn« verwenden. Das sind uralte Viecher, die lange garen müssen.
- Für eine besonders kräftige Suppe Knochen und Haut zurück in die Brühe geben und eine halbe Stunde weiter köcheln lassen, dann abgießen.
- Wer fettarm genießen will, kann die Suppe über Nacht in den Kühlschrank stellen und morgens das Fett, das sich oben als feste Schicht abgesetzt hat, ganz oder teilweise abschöpfen.
- Manch einer mag diese Suppe auch mit grünen Kräutern (frisch oder gefriergetrocknet aus dem Glas).

Variation für 2 Personen: 2 Hähnchenschenkel aus der Aldi-»Schenkelpfanne« verwenden, die 4-5 Hühnerbeine für 2,09 € enthält.

Preis dann:
0,85 €
pro Person

Hühnersuppe »Asia«

Zutaten für 4 Portionen:
1 Rezept »Klassische Hühnersuppe« (siehe Seite 14)
Sojasoße
1/4 Tüte Chinagemüse (TK-Mischung)
oder
1/2 Tüte »Rohkostmischung« aus dem Kühlregal
1 kleines Päckchen Glasnudeln (nicht bei Aldi erhältlich)

Das Gemüse in der Hühnerbrühe garen. Die Glasnudeln getrennt nach Anweisung in Salzwasser zubereiten, erst *anschließend* mit Messer oder Küchenschere in Stücke schneiden. Das Fleisch und die Nudeln in die Brühe geben, nach Geschmack nachwürzen und mit Sojasoße pikant abschmecken.

Preis:
0,95 €
pro Person

Resteverwertung: Das Rezept mit Fertigbrühe (Würfel oder gekörnt) und fein geschnittenen Resten von Geflügel-, Rind- oder Schweinefleisch zubereiten.

Hühnerbrühe

Köstlich als Trinkbrühe.

Zutaten für 2 Portionen:
1-2 Päckchen Hühnerklein (TK; nicht bei Aldi, im Normal-Supermarkt ca. 0,50-0,60 € pro Päckchen)
1 Zwiebel
Suppengewürz
Salz
evtl. 1 Eiweiß

Das Hühnerklein mit so viel Wasser aufsetzen, dass die Teile bedeckt sind. Mit einer Zwiebel, Suppengewürz und Salz eineinhalb Stunden köcheln lassen, dann abgießen.
Wenn Sie sich die Mühe machen wollen, können Sie die winzigen Fleischfetzchen an dem Hühnerklein ablösen; ich werfe das ganze Zeug weg.

Preis:
ca. 0,40–0,60 €
pro Person

Tipps:

- Damit die Brühe schön klar wird, durch ein Haarsieb gießen und dann zum Entfetten in den Kühlschrank stellen.
- Perfekte Hausfrauen und -männer klären die Suppe, indem sie ein Eiweiß hineinrühren, das alle kleinen Schwebeteilchen aufnimmt. Das Eiweiß und alles, was darin klebt, bleibt beim Abgießen im Sieb zurück.
- Besonders Kranken tut diese feine kräftigende Brühe gut.

Hühner-Nudelsuppe

Diese dicke, wärmende Suppe ist ideal, wenn man im Winter durchgefroren und erschöpft nach Hause kommt.

Preis:
0,75 €
pro Person

Zutaten für 4 Portionen:
2 Päckchen Hühnerklein (TK; nicht bei Aldi; im Normal-Supermarkt ca. 0,50-0,60 € pro Päckchen)
Salz
1 Zwiebel
Suppengrün
1-2 Hähnchenfilets
250 g Mie-Nudeln (Instant Nudeln)

Das Hühnerklein mit Salz, einer dicken Zwiebel und Suppengrün aufsetzen und mindestens 1 Stunde kochen. Die Brühe durch ein Sieb abgießen, über Nacht in den Kühlschrank stellen und entfetten. Danach die Brühe wieder erhitzen und – je nach Anzahl der Esser – ein oder zwei in Stückchen geschnittene Hähnchenfilets und chinesische Mie-Nudeln darin gar ziehen lassen.

Tipp:
Zwei Mahlzeiten für je zwei Personen aus einem Huhn zubereiten. Ein Brathuhn auftauen lassen. Mit einem scharfen Messer oder einer Geflügelschere (taucht regelmäßig bei Aldis Schnäppchen auf; also beim nächsten Mal eindecken!) die Schenkel abtrennen. Mit einem Messer die Brustfilets rauslösen. Schenkel und Brust ergeben eine Mahlzeit für zwei Personen (z.B. »Hähnchenbrust mit Tomaten und Oliven«, siehe Seite 28 oder »Putencurry mit Cashew-Kernen«, siehe Seite 30); aus dem Rest kochen Sie eine Hühner-Suppe, die noch reichlich Fleisch enthält.
Preis: Vier reichliche Mahlzeiten für zusammen **3 €** pro Person.

Tütensuppen aufgepeppt

Tütensuppen – reine Magenfüller? Schon möglich, aber man kann sie mit Beigaben schmackhaft aufwerten.

Beigaben für 2 Portionen:

Zu Blumenkohl-Brokkoli-Suppe:
Blumenkohl und/oder Brokkoli.

Zu Spargelcremesuppe:
Spargel, frisch oder aus dem Glas.

Zu klaren Suppen (z.B. Frühlingssuppe, Grießklößchensuppe):
frisches Suppengemüse und/oder ein Eigelb.

Zu Champignoncremesuppe:
frische Champignons oder auch andere Pilze.

Zu Tomatensuppe:
Tomaten; mit kochendem Wasser überbrühen und häuten. In Stücke schneiden und in der Suppe mitgaren.

Zu Kartoffelcremesuppe (lässt sich besonderes gut variieren):
Lauch, bunte Paprikastreifen, gemischtes Suppengemüse (TK oder frisch), gewürfelte Paprika-Salami, in Scheiben geschnittene Mettenden – natürlich nicht alles zugleich in die Suppe geben.

Eine Portion eines Gemüses, das zur Suppe passt, in wenig Wasser fast gar dünsten. Mit Wasser auf die im Suppenrezept angegebene Menge aufgießen und das Suppenpulver hineinrühren. Entsprechend der auf dem Beutel angegebenen Kochzeit zu Ende garen.

Preis: mit Beigaben höchstens 0,50 € pro Person

Tipp:

Die Suppe mit frischen oder gefriergetrockneten Kräutern würzen. Ein Klecks saure Sahne, Crème fraîche oder Schmand geben der gesunden Gemüsesuppe den letzten Pfiff.

Zarte Käsecreme-Suppe mit Paprika

Zutaten für 2 Portionen:
125 g Schweinehack (TK)
1/2 dicke oder 1 kleine Zwiebel
1 grüne Paprikaschote
Salz
Pfeffer
3/4 l Hühnerbrühe (Würfel)
1/2 Schale Schmelzkäse »Kräuter«
evtl. etwas Mehl, Stärke oder
hellen Soßenbinder
Muskat
getrocknete oder frische Kräuter

Das Schweinehack anbraten. Die gewürfelte Zwiebel und die in feine Streifen geschnittene Paprika zugeben und mitschmoren. Mit Salz und Pfeffer würzen.
5 Minuten zugedeckt auf kleiner Flamme köcheln lassen, bis die Zwiebel und die Paprikastreifen weich sind. Dann 3/4 l Wasser aufgießen, einen Würfel Hühnerbrühe zugeben und aufkochen. Anschließend den Schmelzkäse in der Suppe zergehen lassen. Nach Wunsch mit Mehl oder Stärke (vorher in kaltem Wasser anrühren) oder Soßenbinder für helle Soßen andicken. Mit Muskat würzen, Kräuter zugeben und weitere 5 Minuten leicht kochen lassen.

Preis:
ca. 0,60 €
pro Person

Tipp:
Statt TK-Schweinehack kann auch ein Rest Mett verwendet werden, wenn es z.B. zum Abendessen oder zum Bier Metthappen gab. Schweinefleisch sollte es aber schon sein, denn der Geschmack passt am besten in dieses Süppchen.

Gazpacho

Die klassische Gemüsesuppe aus Spanien – ohne Kochen zubereitet und kalt serviert.

Zutaten für 4 Portionen:
2 Knoblauchzehen
500 g frische Tomaten oder 2 Dosen
1 Salatgurke
2 Zwiebeln
1 rote Paprika
1 l kalte Brühe (Würfel oder gekörnt)
2 EL Olivenöl
1 TL Zitronensaft
Salz
Pfeffer

Die Knoblauchzehen zerdrücken. Das Gemüse putzen, in Stücke schneiden und im Mixer pürieren. In die Brühe einrühren. Mit Öl, Zitronensaft, Salz und Pfeffer abschmecken und kühl stellen.

Preis: Fast alle Zutaten sind frische Ware, die je nach Saison stark im Preis variiert. Wenn das Gemüse billig ist und noch dazu Dosentomaten verwendet werden, kostet das Gericht

ca.
0,30 €
pro Person

Variationen: Einen Teil des Gemüses klein würfeln und dazu reichen. Gazpacho mit fertigen oder selbst gemachten Croûtons bestreuen.

Mulligatawny-Suppe

Eine anglo-indische Spezialität: Hühnersuppe mit Curry und – das ist das Besondere – Kokosmilch. Kokosmilch ist übrigens nicht die Flüssigkeit im Inneren der Kokosnuss, sondern wird – im Original – aus frischem, geschabtem Kokosfleisch hergestellt.

Zutaten für 4 Portionen:
200 g Kokosflocken
(nicht bei Aldi erhältlich)
2-3 Hähnchenschenkel
1 Zwiebel
Knoblauch
1 l Brühe
2-3 EL Currypulver
Saft einer 1/2 Zitrone
1 Apfel
2 Nelken
1 Lorbeerblatt
Salz
Butter zum Braten

Zuerst die Kokosmilch zubereiten: Kokosflocken mit 250 ml heißem Wasser übergießen und etwas abkühlen lassen. Wenn die Masse lauwarm ist, im Mixer oder mit dem Pürierstab kräftig durchschlagen. Durch ein mit einem Tuch ausgelegtes Sieb abgießen. Die Flocken dabei gut ausdrücken. Die gewonnene Kokosmilch beiseite stellen.
Die Hähnchenschenkel in Butter anbraten. Die gehackte Zwiebel und den zerdrückten Knoblauch hinzugeben und kurz mit schmoren. Mit Brühe aufgießen. Das Currypulver, den Zitronensaft, den fein gehackten Apfel, Nelken und Lorbeerblatt zugeben, salzen. ½ Stunde garen lassen. Anschließend die Suppe durch ein feines Sieb gießen. Das Fleisch von den Knochen lösen und würfeln. Zusammen mit der Kokosmilch in die Suppe geben und noch einmal erhitzen (nicht kochen lassen).

Preis:
ca. 0,45 €
pro Person

Käsecremesuppe mit Croûtons

Zutaten für 4 Portionen:
40 g Butter
40 g Mehl
1 l Brühe (aus Würfeln oder gekörnt)
1 Schale Schmelzkäse »Sahne«
oder »Kräuter«
Salz
Pfeffer
1 Prise Muskat
frische gehackte Kräuter oder
1 EL getrocknete Kräutermischung
»Salatkräuter« oder »Petersilie«
2 Tütchen »Salatcroûtons«

Aus Butter, Mehl und Brühe eine Mehlschwitze zubereiten: Die Butter zerlassen, das Mehl darin hellgelb anschwitzen lassen und mit heißer Brühe aufgießen. Den Schmelzkäse darin zergehen lassen. Mit den Gewürzen abschmecken und die Kräuter zugeben. Croûtons überstreuen und sofort servieren.

Preis:
ca. 0,25 €
pro Person

Tipp:
Croûtons einfach selbst zubereiten: 2-3 Scheiben Toast entrinden, in Würfel schneiden und in der Pfanne mit Butter rösten.

Kräftige Gemüsesuppe mit Mettenden

Zutaten für 4 Portionen:
3-4 mittelgroße Kartoffeln (fest kochend)
1 Päckchen Suppengemüse
(TK; nicht bei Aldi)
oder
1 Päckchen frisches Suppengemüse
(manchmal bei Aldi)
1 l Brühe (Würfel oder gekörnt)
1 Päckchen Mettenden (4 Stück)
Salz
Pfeffer
Suppenwürze

Die Kartoffeln fein würfeln und mit dem Gemüse und den Mettenden in der Brühe weich kochen. Die Mettwürstchen herausnehmen, in Scheiben schneiden und wieder in die Suppe geben. Mit Salz, Pfeffer und Suppenwürze abschmecken.

Preis:
ca. 0,70 €
pro Person

Tipp für kalorienbewusste Esser:
Wenn Ihnen beim Aufschneiden der Würstchen auffällt, dass viel Fett austritt, haben Sie natürlich Recht (35 % Fett absolut laut Etikett!). Aber Fett ist auch ein Geschmacksträger und verleiht der Suppe ihr kräftiges Aroma. Es geht aber auch anders: Mettwürstchen nicht in der Suppe mitgaren, sondern roh in Scheiben schneiden und in der Pfanne anbraten. Das ausgetretene Fett abgießen und die Scheiben in die Suppe geben. Was das fehlende Fett an Geschmack nicht einbringt, tun die Röststoffe vom Anbraten.

Weitere Suppen von der herzhaften Sorte finden Sie auch im Kapitel »Fertiggerichte«, wo wir Aldis gute Eintopf-Dosen aufpeppen (siehe Seite 121–125).

2. Fleisch – Es muss nicht immer Steak sein

Sicher, ein köstliches Steak oder ein zartes Filet sind eine feine Sache. Doch selbst Aldis günstige Rinder-, Straußen- und Lammsteaks, Schweinemedaillons und die edle Entenbrust schlagen für Sparrezepte zu teuer zu Buche. Lassen wir sie also für unsere Alltagsküche links liegen und konzentrieren uns auf Hackfleisch, Hähnchen- und Putenfleisch. Auch hier gibt es viele köstliche Varianten zu entdecken.

Gefülltes Hähnchenbrustfilet im Schinkenmantel

Beilage: Kräuterreis

Zutaten für 1 Portion:
1 Hähnchenbrustfilet
50 g Frischkäse
(z.B. Aldis »Kräuterfässchen«)
1-2 Scheiben roher Schinken
(Schwarzwälder oder Bauernschinken)
Olivenöl und Butter zum Braten
evtl. frische oder getrocknete Kräuter
Rouladennadeln
125 g Reis
getrocknete Kräuter
etwas Butter

Pro Person ein Hähnchenbrustfilet auftauen und mit einem scharfen Messer eine möglichst tiefe Tasche in das Fleisch schneiden – aber ohne auf der anderen Seite wieder herauszukommen! Das Filet mit Frischkäse füllen und mit einer großen oder zwei kleinen Scheiben rohem Schinken umwickeln. Nicht mehr salzen, denn das Hähnchenfilet enthält bereits ei-

ne Würzung mit Salzzusatz und auch der Schinken ist salzig genug. Das Ganze mit Rouladennadeln feststecken und in einer Mischung aus Olivenöl und Butter 10-15 Minuten gar schmurgeln. Filets aus der Pfanne nehmen und Rouladennadeln entfernen. Den Bratensatz mit etwas Wasser loskochen und über die Filets gießen.
Den Reis wie in Kapitel 6 (siehe Seite 65) beschrieben zubereiten.

Preis:
1 € pro Person
(ohne Beilage)

Tipps:

- Die Füllung mit Kräutern Ihrer Wahl aromatisieren; so machen Sie z.B. »Rosmarinhähnchen« oder »Thymianhähnchen« daraus.
- Den Bratensatz mit einem Schuss Weißwein ablöschen. Auf diese Weise veredelt können Sie das Sparhähnchen sogar zu einem eleganten Essen servieren.
- Gefülltes Hähnchenbrustfilet schmeckt auch kalt: Fürs Büffet in dicke Scheiben, als Aufschnitt in dünne Scheiben schneiden.

Hähnchenbrust mit Tomaten und Oliven

Beilage: Reis

Eine wunderbare Resteverwertung für weich gewordene Tomaten – die Soße wird sogar umso aromatischer, je reifer sie sind!

Zutaten für 2 Portionen:

350-500 g Tomaten
Salz
Pfeffer
Knoblauch
Olivenöl zum Braten
1/2 Tasse grüne oder schwarze Oliven ohne Kerne
2 mittelgroße Hähnchenfilets (TK) oder Filets und enthäutete Schenkel von einem Brathuhn
frische Basilikumblätter
125 g Reis

Die Tomaten je nach Größe halbieren oder vierteln. Mit wenig Salz – die Oliven enthalten viel Salz und auch die Hähnchenfilets sind bereits vorgesalzen –, Pfeffer und Knoblauch in Olivenöl kräftig anbraten und ca. 10 Minuten schmoren lassen, bis das Fruchtfleisch ganz weich ist und sich völlig von den Schalen gelöst hat. Durch ein feines Drahtsieb in einen kleinen Topf passieren. Die Oliven hinzufügen und leise köcheln lassen. Die Soße ist bereits sämig und braucht daher nicht gebunden zu werden.
Währenddessen die Pfanne ausspülen und darin in wenig Olivenöl die aufgetauten Hähnchenfilets auf beiden Seiten goldbraun anbraten. Das Basilikum in feine Streifen schneiden und zu der Tomatensoße geben, die ca. 10 Minuten vor sich hin geschmurgelt hat. Die Soße in die Pfanne über die Hähnchenfilets geben und zugedeckt zu Ende garen lassen – je nach Dicke der Filets noch einmal 5 bis 10 Minuten.

Preis: mit Reis oder Baguette als Beilage 1 € pro Person

Geschnetzeltes mit Champignons

Beilage: Kräuterreis mit Butter

Zutaten für 2-3 Portionen:
250 g mariniertes Putenfilet (TK)
oder
250 g Hähnchenfilet (TK)
1 große Zwiebel
Öl zum Braten
1 Glas geschnittene Champignons
oder frische Champignons
Salz
Pfeffer
1 Päckchen »Soße zu Geflügel«
1 Schuss Sahne oder Kondensmilch
Petersilie zum Bestreuen
250 g Reis
1 TL Butter
Salatkräuter (frisch oder aus dem Glas)

Die Marinade bei den Putenfilets abstreifen. Die Filets quer in schmale Streifen schneiden. Die Zwiebel grob hacken oder würfeln. In einer Pfanne mit Öl zunächst die Zwiebel glasig dünsten, dann das Fleisch zugeben und anbraten. Zum Schluss die Champignons zufügen. Bei frischen Pilzen müssen Sie jetzt kräftig rühren, bis das austretende Wasser ganz verdampft ist. Salzen und kräftig pfeffern (Pilze können allgemein viel Pfeffer vertragen). Mit ⅜ l Wasser ablöschen und mit einem Schneebesen rasch das Soßenpulver einrühren. 5 Minuten ziehen lassen. Einen Schuss Sahne oder Kondensmilch unterrühren und vor dem Servieren nach Geschmack mit Petersilie überstreuen.

Beilage: Kräuterreis mit Butter.
Reis wie in Kapitel 6 (siehe Seite 65) beschrieben zubereiten. Je 1 TL Butter und Salatkräuter unterheben und kurz durchziehen lassen.

Preis: bei 2 Personen und mit Champignons aus dem Glas

ca.
1 €
pro Person

(Bei drei Personen mit 0,75 € etwas billiger.)

Putencurry mit Cashew-Kernen

Beilage: Reis

Zutaten für 4 Portionen:

$^1/_2$ l Kokosmilch (siehe Seite 22)
500 g mariniertes Putenfilet (TK)
1 Zwiebel
Öl zum Braten
2 EL Currypulver
nach Geschmack eine Prise Chili-Pulver
1 Dose Cashew-Kerne
250 g Reis

Die Kokosmilch zubereiten. Die Putenfilets auftauen lassen und quer in schmale Streifen schneiden. Einen Teil der Marinade abstreifen. Die Zwiebel würfeln und in einer Pfanne mit etwas Öl anschwitzen, Fleisch dazugeben und anbraten. Dann das Currypulver und etwa ein Drittel der Nüsse mit schmoren. Für den Geschmack ist es wichtig, dass das Curry mit angebraten wird.

Die restlichen Nüsse mit der Kokosmilch im Mixer pürieren, zum Fleisch geben und 5 Minuten leise köcheln lassen. Vorsichtig nachsalzen – die Putenfilets sind gewürzt und auch die Nüsse sind reichlich gesalzen.

Preis:
ca. 1,10 € pro Person
(ohne Beilage)

Ein kleines bisschen teurer.

Hackfleisch für alle Lebenslagen

Grundrezept für Hackteig

Zutaten für 10-12 Frikadellen:
500 g TK-Hackfleisch (vom Schwein oder halb und halb)
1 Päckchen »Fix für Hackbraten«
oder
500 g TK-Hackfleisch (vom Schwein oder halb und halb)
1 Ei
ein altbackenes Brötchen
evtl. etwas Paniermehl
Gewürze nach Geschmack

Entweder das aufgetaute Fleisch mit Hackfleisch-Fix nach Anweisung zubereiten oder den Hackteig selbst würzen: Das Brötchen in Wasser einweichen lassen. Mit einer Gabel das aufgetaute Hackfleisch mit dem Ei und dem ausgedrückten Brötchen gründlich verkneten. Anschließend das Hackfleisch gut würzen.

Preis: Für 3 Pers. mit gutem Hunger ca. 0,55 € pro Pers.

Resteverwertung: Reste von kaltem Fleisch, Schinken, Wurst oder Gemüse können klein gehackt untergemischt werden.

Tipps:

- Wenn kein altes Brötchen zur Hand ist, tun es auch 2-3 Scheiben Toast. In kaltem Wasser einweichen, dann quillt die Stärke besser und lässt sich leichter ausdrücken.
- *Tipp für schnell entschlossene Köche:* Das tiefgekühlte Hackfleisch taut rascher auf, wenn man die noch fest geschlossene Packung in kaltes Wasser legt.
- *Tipp für »Hamster«:* Frikadellen aus einem ganzen Pfund Fleisch zubereiten und fertig braten. Jeden übrigen Klops einzeln in Folie wickeln, in eine Tüte geben und einfrieren. So können sie später einzeln entnommen werden.

Frikadellen – Variationen ohne Ende

Griechische Frikadellen

Zutaten für 10-12 Frikadellen:
1 Grundrezept für Hackteig (siehe Seite 31)
Feta-Käse
Öl zum Braten

Den Feta-Käse in Würfel schneiden. Den Fleischteig in der Hand flachdrücken, Käse in die Mitte legen und die Frikadelle zusammendrücken. In einer Pfanne mit Öl anbraten. Achtung: Den Klops gut schließen und beim Wenden in der Pfanne vorsichtig sein, der Käse läuft leicht aus.

Preis:
ca. 0,70 €
pro Person

Tipp: Schmeckt genauso lecker mit Gouda-Würfeln.

Cevapcici

Zutaten für 10-12 Röllchen:
1 Grundrezept für Hackteig (siehe Seite 31)
(statt Schweinefleisch
Rinderhack nehmen)
Paprikapulver
Öl zum Braten

Den Fleischteig zubereiten. Scharf würzen, z.B. mit Paprika. Längliche Röllchen formen und scharf anbraten.

Preis:
ca. 0,85 €
pro Person

Servieren: Mit Ajvar (fertige Paprikasoße aus dem Glas) oder mit Jogurtsoße und Gemüsereis servieren.

Hackbällchen in Soße

Hackbällchen in Tomatensoße
Beilage: Nudeln

Zutaten für 3 Portionen:
1 Grundrezept für Hackteig (siehe Seite 31)
1 Tütchen Tomaten-Mozzarella-Suppe
etwas Tomatenmark
250 g Nudeln

Die Suppe mit nur ½ l Wasser nach Anleitung kochen und einen Schuss Tomatenmark zugeben.

Den Hackteig zubereiten und mit nassen Händen zu Klößchen von 4-5 cm Durchmesser formen. In der Soße gar ziehen lassen.

Preis:
0,75 €
pro Person

Hackbällchen in brauner Sauce
Beilage: Nudeln

Zutaten für 3 Portionen:
1 Grundrezept für Hackteig (siehe Seite 31)
2 Päckchen Fertig-Bratensoße,
z.B. »Jäger-Soße«
250 g Nudeln

Die Soße nach Anleitung zubereiten; eventuell geschnittene Champignons (frisch oder aus der Dose) und/oder fein gewürfelte Paprika zugeben.
Den Hackteig zubereiten, mit nassen Händen zu Klößchen von 4-5 cm Durchmesser formen. In der Soße gar ziehen lassen.

Preis:
ca. 0,75 €
pro Person

Tipp: Als Beilage eignet sich fast alles: Nudeln, Kartoffeln, Reis oder Brot. Die Preise für die Beilagen liegen im Cent-Bereich. Ein frischer Salat dazu kostet auch nicht die Welt.

Königsberger Klopse

Beilage: Petersilienkartoffeln

Die edlere Variante von Hackbällchen in Soße – aber keineswegs edel im Preis.

Zutaten für 3 Portionen:

1 Grundrezept Hackteig (siehe Seite 31)
1/2 l Brühe (Würfel oder gekörnt)
40 g Butter
40 g Mehl
etwas Zitronensaft
1 EL Kapern
nach Wunsch 1 Eigelb
750 g Kartoffeln
Petersilie (frisch oder gefriergetrocknet)

Den Hackteig zubereiten und Klößchen von 4-5 cm Durchmesser formen. In der Brühe gar ziehen lassen und herausnehmen.

Mit Butter, Mehl und Brühe eine helle Grundsoße zubereiten: Butter zerlassen, Mehl darin hellgelb anschwitzen lassen und mit heißer Brühe aufgießen. Nach Geschmack mit Zitronensaft und Kapern abschmecken, eventuell ein Eigelb darunter ziehen. (Die Soße dann nicht mehr kochen lassen.) Die Klößchen in die Soße legen und noch einmal erwärmen.

Beilage: Petersilienkartoffeln: Die Kartoffeln schälen und in Salzwasser gar kochen. Salzkartoffeln mit frischer, klein gehackter oder mit gefriergetrockneter Petersilie überstreuen und unterheben.

Preis:
0,85 €
pro Person

Hackbraten

Beilage: Kartoffelpüree

Zutaten für 3-4 Portionen:
1 Grundrezept für Hackteig (siehe Seite 31)

Für das Kartoffelpüree:
1 Tütchen Fertig-Kartoffelpüree
0,2 l Milch
etwas Butter

Den Fleischteig zubereiten. Eine kleine Kastenform mit starkem Backpapier auslegen. Die Einlage rechts und links reichlich überhängen lassen, damit man später den Braten aus der Form heben kann. Anschließend den Hackteig in die Form füllen.Ca. 30-40 Minuten bei 200 Grad backen. (Wer Energie sparen will, backt zugleich ein Kastenbrot aus einer Aldi-Backmischung.) Solange der Hackbraten noch heiß ist, das flüssige Fett aus der Form abkippen.

Das Kartoffelpüree nach Packungsanleitung zubereiten und zusammen mit einem Stück Hackbraten auf einem Teller anrichten.

mit Beilage
ca. 0,65 €
pro Person

Servieren: Mit einem Salat der Saison und Soße aus 1 Päckchen »Soße zum Braten«, »Jägersoße« o. Ä. servieren.

Hackbraten fürs kalte Büfett oder Picknick

Zutaten für 3-4 Portionen:
1 Grundrezept für Hackteig (siehe Seite 31)
2–3 Eier, hart gekocht
Oliven
oder
buntes Gemüse
evtl. Schinken- oder Speckscheiben

Eine Hälfte der Hackmischung in die Kastenform füllen. Die hart gekochten Eier, Oliven oder buntes Gemüse darauf legen (nicht zu viel, sonst zerfallen die Scheiben später beim Aufschneiden). Den Rest des Fleischteigs darüber füllen und gut festdrücken. Nach Geschmack mit dünnen Schinken- oder Speckscheiben belegen. Ca. 30–40 Minuten bei 200 Grad backen. Dann den Hackbraten erkalten lassen und in nicht zu dünne Scheiben schneiden.

Preis:
0,65 €
pro Person

Hackfleischpfannen finden Sie im Kapitel »Fixe Pfannen« (siehe Seite 117–120); Hackfleischsoßen im Kapitel »Reis, Nudeln & Co« (siehe Seite 63–74).

Paniertes – Leckerbissen gut versteckt

Keinesfalls sollten Sie fertig panierte Produkte kaufen, z.B. panierte Putenschnitzel. Sie bezahlen für die Panade genauso viel wie für das Fleisch – selbst bei Aldi!

Alles Panierte gewinnt an Substanz und »gibt mehr her«. So kann man ein Hähnchenfilet durch Teilen (immer quer schneiden) und Panieren »verdoppeln«. Panieren vermehrt die Masse – wo sonst zwei satt werden, reicht es für drei. Oder man verwendet dünnere Fleischstücke, die auf diese Weise mehr »hermachen«. Außerdem bleiben Fleisch und Fisch in der knusprigen Kruste saftiger! Allerdings ist Paniertes nicht unbedingt etwas für Diätwillige: Die Kruste saugt ordentlich Fett auf.

Resteverwertung: Paniermehl aus altem Brot zubereiten. Dazu das Brot in Würfel schneiden und trocknen lassen, bis es knochenhart ist. Im Fleischwolf oder mit der Küchenmaschine zu Paniermehl mahlen.

Grundmethode des Panierens

Mehl
1 Ei
Salz
Peffer
Paniermehl

In drei tiefen Tellern das Bratgut zuerst in Mehl, dann in verquirltem, gewürztem Ei und zuletzt in Paniermehl wenden. (Wer keine so dicke Kruste wünscht, verwendet nur gewürztes Ei und Paniermehl.) Gut andrücken.

Resteverwertung: Eierreste eventuell für andere Gerichte verwenden oder ein Mini-Omelett in der Pfanne mitbraten.

Tipps:

- Bei aller Sparsamkeit: Reste von Mehl und Paniermehl wegwerfen; sie werden schlecht! Kluge Köche geben daher zunächst wenig Mehl bzw. Paniermehl in die Teller und füllen immer wieder nach Bedarf nach.
- Zum Panieren eignen sich besonders Schweineschnitzel, Puten- und Hähnchenfilets oder fester weißer Fisch. Tiefkühlware vorher auftauen lassen!

Variationen:

- Statt Paniermehl fein zerstoßene Reste von Kartoffelchips oder Sesamkörner verwenden.
- Das Paniermehl mit geriebenem Parmesan vermischen.

Chicken Nuggets

Diese panierten Hähnchenfleischstücke sind nicht nur bei Kindern sehr beliebt, aber im Schnellrestaurant oder aus der Tiefkühltruhe ziemlich teuer. Außerdem werden die Fertigprodukte oft aus minderwertigem »Formfleisch« hergestellt – gepresste Abfälle! Im letzten Jahr wurden – zum Glück nicht bei Aldis Produkt – in genau solchen aus Brasilien importierten Hähnchenerzeugnissen Stoffe gefunden, die möglicherweise Krebs erzeugen.

Selbst gemacht und völlig unbedenklich geht's so:

Zutaten für ca. 8 Nuggets:
1 Hähnchenfilet
1/2 verschlagenes Ei
etwas Paniermehl
Salz
Pfeffer
Olivenöl zum Braten

Das Hähnchenfilet in mittelgroße Stücke schneiden; dicke Stücke noch einmal quer teilen. Die Hähnchenteile panieren (siehe Seite 38) und in Olivenöl knusprig braten.

Preis:
ca. 0,60 €
pro Person

Und was zahlen Sie beim Mäc oder beim King für ein halbes Dutzend minderwertiger Teile?

Tipp: Chicken Nuggets sind auch kalt als Schulproviant beliebt.

Variationen: Panieren Sie auch mal Gemüse (eventuell Reste, die allein nicht für eine weitere Mahlzeit ausreichen), hart gewordenen Schnittkäse (Käse vor dem Braten in passende Stücke schneiden und auf einem Brett ein paar Tage trocknen lassen) oder dicke Wurstscheiben. Ganz modern sind jetzt Mozzarella-Sticks. Nur kurz braten, sonst zerläuft das Ganze!

Nuggets mit Käsekruste

Etwas kalorienreicher, aber äußerst lecker!

Preis:
ca. 0,80 €
pro Person

Zutaten für ca. 8 Nuggets:
1 großes Hähnchenfilet
1/2 verschlagenes Ei
etwas Paniermehl
eine Hand voll geriebener Emmentaler
Salz
getrocknete Kräuter
Olivenöl zum Braten

Das Hähnchenfilet in 8 mittelgroße Stücke teilen und panieren (siehe Seite 38). Dabei das verschlagene Ei nicht nur mit Salz, sondern auch mit Kräutern würzen. Das Paniermehl und den geriebenen Käse zu gleichen Teilen mischen. Ein paar Mal mit dem Messer durch die Mischung gehen, um die langen Käseschnipsel zu kürzen; so legt sich die Panade besser an.

Tipp: Hähnchenstücke zwei Mal panieren, d.h. Ei, Käse-Paniermehl-Mischung, noch einmal Ei und wieder die trockene Mischung. Von beiden Seiten goldbraun anbraten. Da die Kruste dicker ist und durch den geschmolzenen Käse sehr dicht abschließt, bleibt das Fleisch wunderbar saftig, während die würzige Kruste leckeren Biss hat.

Kurz gebratenes Rindfleisch

Beilage: Baguette mit Kräuterbutter

Rindfleisch, kurz gebraten, gehört normalerweise zu den etwas teureren Schlemmereien und passt nicht in ein Sparkochbuch. Der gute Aldi bietet hier leider für Menschen, die Geflügel Leid sind und Schweinefleisch nicht mögen oder nicht essen dürfen, nur die Auswahl zwischen Cevapcici (auch lecker, aber schon fertig und deswegen nicht unser Thema) und den schmackhaften, aber teuren Steaks von Rind, Lamm und Strauß.

Wenn wir hier fündig werden wollen, müssen wir unserem Aldi kurz mal untreu werden. Rinderbraten aus der Keule ist normalerweise eine langwierige und kostspielige Angelegenheit. Falls wir aber ein preiswertes Stück ergattern, können wir daraus etwas prima kurz Gebratenes zaubern.

Zutaten für 3-4 Portionen:

500 g Rinderbraten (im Sonderangebot beim »Normal«-Supermarkt für 6,99 €/Kilo - macht ca. 1 € pro Person)
Grillgewürz, Salz, Pfeffer
Öl zum Braten
evt. Rotwein zum Ablöschen
2 Baguettes mit Kräuterbutter (Kühltheke)

Das Rindfleisch quer zur Faser (wichtig!) in ganz feine Scheiben schneiden; das geht gut, wenn das Fleisch ein wenig angefroren ist. Entweder gleich in der Pfanne unter häufigem Wenden 5 Minuten braten, dann würzen; oder delikat marinieren: Die Scheibchen mit etwas Olivenöl und Grillgewürz (kein Salz) mindestens 12 Stunden einlegen und erst dann braten und salzen. Eventuell mit Rotwein ablöschen.
Während dessen Baguettes aufbacken.

Preis: Bei 4 Essern
ca. 1 €
pro Person

(mit Beilage ca. 1,20 € pro Person)

3. Fisch – Leicht und lecker

Fisch, so predigen die Ernährungsexperten, ist eiweißreich, kalorienarm, voller gesundheitsfördernder Bestandteile und sollte mindestens einmal pro Woche auf den Tisch kommen. Und wenn das so preiswert und einfach geht wie mit Aldis tiefgefrorenem Fisch oder den leckeren Produkten aus dem Kühlregal, warum nicht zum Gesundheitsapostel werden?

(Natürlich ist Fisch als Grundzutat relativ teuer im Vergleich zu Kartoffeln, Schweinefleisch o.Ä. Deshalb habe ich in dieses Kapitel einige Rezepte aufgenommen, deren Preis pro Person etwas über 1 Euro liegt. Aber ich garantiere: Mehr als eine »1« steht niemals vorne.)

Zum Abendessen oder als Imbiss kommt in Deutschland oft Fisch auf den Tisch, und zwar besonders die Sorten, die Ernährungswissenschaftler wegen ihres Gehalts an Omega-3-Fettsäuren empfehlen: Sardinen, Makrelen, Hering und Lachs halten angeblich die Arterien frei und haben verjüngende Wirkung. Lachs gehört zwar eher zu den Luxusartikeln, aber überlegen Sie mal: Bei Aldi (oder anderen Discountern) ist Räucherlachs heute nicht teurer als ein guter Schinken. Die preiswerteren Fische enthalten aber ebenso viel von den wertvollen Fettsäuren. Also: Weg mit den Fischölkapseln – Schlemmen macht gesund und schön!

Als leichte Hauptmahlzeiten finden Sie in diesem Kapitel Klassiker wie »Rotbarsch in Senfsoße« oder »Matjes mit grünen Bohnen«, aber auch Überraschendes, das zum Ausprobieren anregt. Ein Rezept beispielsweise kombiniert Fischfilet mit Blauschimmelkäse und Sahne und ist eine kulinarische Reminiszenz an meine einstige Zimmerwirtin, die mich vor vielen Jahren in Buenos Aires in ihre Familie aufnahm. Olga stammte von der Küste Ecuadors und hatte unendlich viele Fischrezepte auf Lager; dieses hier ist superschnell und supereinfach, aber etwas gehaltvoll – immerhin, Olga war gertenschlank, obwohl dieses Gericht einmal pro Woche auf den Tisch kam. Vom anderen Ende der Welt kommen die Fischspießchen mit Koriander, die durch die nordafrikanische Küche inspiriert sind.

Rheinischer Hering-Stipp

Beilage: Pellkartoffeln

Zutaten für 4 Portionen:

1 Packung Matjesfilets (200 g)
1 Becher Hering in Sahnesoße
1 Apfel
2-3 saure Gurken
evtl. etwas Milch
1 kg Kartoffeln

Die Matjesfilets gut abspülen. Die Sahnefilets und den Matjes quer in feine Streifen schneiden, ebenso den Apfel und die Gurken. Die Soße eventuell mit etwas Milch verdünnen. Alle Zutaten gut vermischen und einige Stunden ziehen lassen.
Mit Pellkartoffeln als Beilage servieren.

Preis:
ca. 0,50 € – 0,60 €
pro Person

– je nachdem, für welchen Preis Sie die Kartoffeln ergattern.

Matjes mit Speckbohnen

Beilage: Kartoffeln

Zum Abendessen, als Vorspeise oder kleine Mahlzeit.

Zutaten für 3 Portionen:

1 Packung Matjesfilets (200 g)
1/4 l Milch
100 g durchwachsener Speck
1 Dose Prinzessbohnen
oder frische Bohnen
evtl. Bohnenkraut
750 g Kartoffeln

Das Öl vom Matjes abspülen und den Fisch 1-2 Stunden in Milch einlegen, um ihn zu entsalzen und zarter zu machen. Dann die Milch abgießen und die Filets noch einmal mit Wasser spülen.

Die Speckwürfel in der Pfanne auslassen. 1 Dose Prinzessbohnen (abgetropft) darin heiß werden lassen und eventuell mit Bohnenkraut würzen. Die Speckbohnen mit den Matjesfilets und den Kartoffeln servieren.

Preis:
ca. 0,65 €
pro Person

– etwas mehr, wenn Sie frische Bohnen und junge Kartöffelchen verwenden.

Servieren: Lecker aufgetischt mit Zwiebelringen und einem Klecks Meerrettich.

Variation: Statt Bohnen aus der Dose frische Bohnen (tauchen leider nur unregelmäßig in Aldis Gemüseabteilung auf) verwenden. Die Bohnen putzen; Enden und eventuell braune Stellen ausschneiden, waschen und im Gemüsedämpfer oder mit wenig Wasser garen. Abgetropft zu den Speckwürfeln geben.

Matjes in Dill-Sahnesoße

Beilage: Vollkorntoast

Zutaten für 2 Portionen:
1/4 l Milch
1 Packung Matjesfilets (200 g)
1/2 Packung Sahne oder Schmand
oder Crème fraîche (nicht bei Aldi)
Dill (frisch oder getrocknet)
4 Scheiben Vollkorntoast

Die zuvor in Milch eingelegten Filets (siehe Seite 44) quer in Streifen schneiden. Süße oder saure Sahne, Schmand oder Crème fraîche – was man gerade im Haus hat – mit etwas von der Einweich-Milch verrühren. Getrockneten Dill dazugeben und die Fischstücke unterheben. Einen Tag ziehen lassen.

Beilage: Mit knusprigem Vollkorntoast oder mit Schwarzbrot und Butter als Imbiss oder Vorspeise servieren.

Preis:
ca. 0,70 €
pro Person

Festlicher Salat mit Lachs

Zum eleganten Büfett aufgetischt. Macht Eindruck, obwohl die tatsächlich verwendete Menge Lachs nicht groß ist.

Zutaten für 4-6 Portionen:
Kartoffelsalat (Grundrezept siehe Seite 90; ohne Gurke und Ei zubereiten)
mittelscharfer Senf
Zucker
Dill, getrocknet oder frisch
1 Päckchen Räucherlachs
evtl. 2 geviertelte, hart gekochte Eier zum Garnieren

Den Kartoffelsalat nach Anweisung zubereiten, dabei nach Geschmack 1-2 Esslöffel Senf, etwas Zucker und reichlich Dill in die Soße geben. Danach den Lachs in feine Streifen schneiden, eine große Scheibe zum Garnieren zurückbehalten. Den Salat gut mischen und einige Stunden ziehen lassen.

Garnitur: Die geviertelten Eier rund um den Rand verteilen und jeweils mit einem dicken Streifen Lachs belegen.

Preis: bei 4 Essern
ca. 0,80 €
pro Person

Tipp für die Alltagsküche: Ruhig weniger Lachs nehmen, vielleicht einen Rest, oder den »falschen« Seelachs verwenden (Öl gut abspülen).

Pikantes Fischfilet mit Käse

Beilage: Reis

Zutaten für 2 Portionen:
2 Stücke helles, festes Fischfilet von je 200–250 g (z.B. Rotbarsch 1000 g für 4,29 €)
Zitronensaft
Salz
150 g Schimmelkäse (z.B. Aldis Blauschimmel-Camembert – bitte entrinden; Gorgonzola oder dänischer Blauschimmel aus dem »Normal«-Supermarkt)
1 Päckchen H-Sahne (200 g)
125 g Reis

Preis: ca. 1,70 € pro Person (ohne Beilage)

Leider etwas teurer, aber sooo lecker!

Die Fischfilets in eine Auflaufform legen, mit etwas Zitronensaft beträufeln und salzen. Den Käse mit gerade so viel Sahne verkneten, dass eine streichbare Masse entsteht. Über das Filet streichen. Bei 180 Grad eine halbe Stunde im Ofen überbacken. Wenn die Kruste zu stark bräunt, mit Alufolie abdecken!

Marinierte Fischspießchen mit Koriander

Beilage: Tomatensoße und Baguette

Zutaten für 1 Portion:
1 mittelgroßes Stück weißes Fischfilet
(z.B. 250 g Rotbarsch; TK)

Für die Marinade:
Olivenöl
frischer Koriander, gehackt
1 Zwiebel, fein gehackt
Knoblauch, gepresst
scharfes Paprika- oder Chilipulver
Holz- oder Metallspieße

Für die Tomatensoße:
1 Dose Tomaten
Olivenöl
Salz
Pfeffer
Knoblauch

1 Baguette

Den Fisch in Würfel von 2–3 cm Kantenlänge schneiden. Aus den angegebenen Zutaten eine Marinade anrühren. Mit dem Fisch vermischen und einige Stunden oder über Nacht im Kühlschrank ziehen lassen. Den marinierten Fisch auf die Spießchen stecken und erst jetzt salzen. In einer großen Pfanne 5 Minuten braten oder unter den Grill legen, währenddessen immer wieder mit der Marinade bestreichen.

Beilage: 1 Dose Tomaten mit einem Schuss Olivenöl pürieren und mit Salz, Pfeffer und Knoblauch würzen. Die Fischspießchen mit der Tomatensoße und dem Baguette servieren.

Preis:
etwas über 1 €
pro Person

Tipp: Statt des Korianders können nach Geschmack auch andere Kräuter verwendet werden.

Fisch in Senfsoße

Beilage: Salzkartoffeln

Zutaten für 4 Portionen:
4 Rotbarschfilets à 200–250 g
Salz
Zitronensaft
Kapern nach Geschmack

Für die Senfsoße:
40 g Butter
40 g Mehl
1/2 l Brühe (Würfel oder gekörnt)
Salz
1–2 EL Senf

1 kg Kartoffeln

Die Filets mit Salz und Zitronensaft würzen. Eine klassische Mehlschwitze zubereiten: Die Butter zerlassen und das Mehl darin hellgelb anschwitzen. Heiße Brühe zugeben, kräftig durchrühren. 5 bis 10 Minuten kochen lassen, so vermeiden Sie den berüchtigten Mehlgeschmack. Mit Salz und Senf abschmecken.

Methode 1: Den Fisch im Dämpfaufsatz garen und mit der Soße servieren, in der die Kapern kurz erhitzt wurden.
Methode 2 (einfach und schnell):
Den Fisch in der Soße gar ziehen lassen. Dabei die Soße mit weniger Flüssigkeit kochen, denn der Fisch sondert noch reichlich davon ab. Die Soße vor dem Servieren behutsam durchrühren und die Kapern zugeben.

Preis: Ein wenig mehr als 1 € pro Person (ohne Beilage), was wir aber wegen des Genuss- und Gesundheitswertes verzeihen wollen.

Rotbarsch in Vinaigrette

Als Vorspeise oder als Bestandteil eines kalten Büfetts.

Zutaten für 2 Portionen:
1 Möhre
1 Stange Sellerie
1 Zwiebel
1 Knoblauchzehe
4 kleine oder 2 große Rotbarschfilets
Salz
Pfeffer
Saft einer Zitrone
1 Glas einfacher Weißwein
6 EL Olivenöl
2 EL Essig
Basilikum

Die Möhre, den Sellerie und die Zwiebel fein würfeln, den Knoblauch pressen. Alles in eine Auflaufform geben und die Fischfilets darauf legen. Salzen und pfeffern. Mit dem Zitronensaft und dem Wein übergießen. Die Form mit Alufolie abdecken und bei 180 Grad etwa 20 Minuten in den Backofen schieben. Etwas abkühlen lassen.
Aus Öl, Essig und Basilikum eine Vinaigrette rühren; salzen, pfeffern und über die Filets gießen.

Preis:
ca. 1,25 €
pro Person

Resteverwertung: Reste von weißem Fischfilet mit der Gabel fein zerdrücken und nach Geschmack würzen. Mit so viel verschlagenem Ei binden, dass die Masse schön feucht ist. Dann Paniermehl unterkneten, bis der Teig relativ fest ist. Etwas nachquellen lassen; anschließend mit feuchten Händen flache Klopse formen und in wenig Olivenöl hellbraun braten.

4. Gemüse – Variationen ohne Ende

Auch wenn Sie glauben, dass Karnickelfutter nichts für Sie ist und Sie ganz bestimmt nicht zum Vegetarier taugen, sollten Sie auf die Pflanzenfreunde hören. Denn die führen ganz zu Recht an, dass es bestenfalls fünf bis sechs Fleischsorten gibt, die wir in Europa als genießbar betrachten – Hund oder Krokodil würden die meisten von uns bestimmt von der Speisekarte streichen, auch wenn es Weltgegenden gibt, in denen sie als Leckerbissen gelten. Dafür haben wir aber Dutzende von Gemüsesorten.

In diesem Kapitel fällt es schwer, Preisangaben zu machen; bei frischer Ware wissen Sie selbst, wann diese am günstigsten ist. Bei Tiefkühlprodukten wie Rahmspinat lässt sich natürlich besser kalkulieren.

Frisches oder tiefgekühltes Gemüse wird in wenig Wasser oder Brühe oder im Gemüsedämpfer gegart. (Sie wissen schon, diese faltbaren Teile aus gelochtem Blech, die sich jeder Topfgröße anpassen und im Haushaltswarenladen preiswert erhältlich sind.) Auch im Schnellkochtopf gehört es in den gelochten Einsatz. Ein Teil der Vitamine und Mineralien geht leider immer ins Kochwasser über, daher nicht weggießen, sondern aufbewahren und für Suppen und Soßen verwenden. Dosengemüse nur kurz mit wenig Wasser oder Brühe erhitzen!

Gemüse »pur«

Das Gemüse Ihrer Wahl mit Salz, Pfeffer und passenden Kräutern (frisch oder gefriergetrocknet) und wenig Wasser dämpfen. Anschließend würzen und ein wenig Butter darunter geben.

Cremiges Gemüse

Gegartes Gemüse würzen. Pro Portion einen EL Frischkäse (»Cremerie«, französische Kräuter) darunter heben und schmelzen lassen. Eine superschnelle und delikate Konkurrenz zum Binden mit Mehl, das – im Übermaß betrieben – bestimmt zum schlechten Ruf der deutschen Küche beigetragen hat!

Der vitaminreiche Gemüse-Trick

Wenn Sie für die ganze Familie – besonders für mäklige Kinder oder Teenager – kochen, schallt es Ihnen wahrscheinlich oft entgegen: »Bäh, Gemüse!«. Den folgenden Trick habe ich von meiner Mutter gelernt, die damit meinem extrem gemüsescheuen kleinen Bruder etwas Gesundes ins Essen mogelte. (Sorry, irgendwann musstest du es ja erfahren.)

Sicher verwenden Sie zum Würzen oft gekörnte Gemüsebrühe. Warum nicht gleich das ganze Gemüse hineinschmuggeln? Garen Sie eine Packung tiefgefrorenes Mischgemüse (»Suppengemüse«), so dass es noch ein wenig knackig ist, und halten Sie es im Kühlschrank bereit. Wenn Ihr »normales« Gericht fast fertig ist (besonders eignen sich Hackfleischsoßen mit Tomate wie Bolognese, Soße für Lasagne oder Chili con Carne, auch Eintöpfe wie Erbsen-, Linsen-, Bohnen- oder Kartoffelsuppe), pürieren Sie das Gemüse mit etwas Flüssigkeit im Mixer sehr fein und geben es dem Gericht bei. Kurz mit aufkochen! Das Gemüse verleiht einen kräftigen Geschmack und bindet zusätzlich.

Wenn's kräftig schmecken soll, können Sie genauso mit einer ganzen Zwiebel verfahren, die Sie mit etwas Wasser roh im Mixer pürieren. Denn manche Esser mögen keine erkennbaren Zwiebelstückchen. Geriebene Zwiebeln werden außerdem oft von Menschen vertragen, denen sie gewürfelt zu schwer im Magen liegen.

Das Essen sofort servieren; wenn Sie das Gericht länger stehen lassen, können sich ohne zusätzliche Bindung Gemüse und Wasser trennen.

Griechisches Gemüse

Beilage: Reis

Zutaten für 2 Portionen:

1 Gemüsepäckchen
(Neuerdings gibt es bei Aldi gemischte Gemüsepäckchen, in denen eine Aubergine, eine Paprika und ein bis zwei Zucchini enthalten sind.)
Olivenöl
Knoblauch
Salz
Pfeffer
Gewürzmischung »griechisch«
(nicht bei Aldi)
1 Dose Tomaten
1 Päckchen Feta-Käse
125 g Reis

Das Gemüse in gleichmäßig große Würfel schnippeln. In einem schweren Edelstahltopf oder einer hohen, beschichteten Pfanne in reichlich Olivenöl mit Knoblauch anbraten. Salzen, pfeffern und die Gewürzmischung zugeben. Wenn das Gemüse fast gar ist, die Tomaten aus der Dose zusammen mit dem Tomatensaft einrühren und bei aufgelegtem Deckel schmoren. Fetakäse würfeln und zugeben. Der Käse soll nur erwärmt werden und gerade eben zu schmelzen beginnen. Schnell auf den Teller und Brot oder Reis dazu serviert!

Preis:
maximal 1,25 €
pro Person

Variation: Mit der Gewürzmischung »Herbes de Provence« und ohne Feta-Käse zubereitet lässt sich aus dem Rezept eine französische Spezialität – Ratatouille – zaubern.

Preis:
ca. 1 €
pro Person

Auberginen türkische Art

Beilage: Türkisches Fladenbrot

Ideal für dieses Gericht wäre Gehacktes vom Lamm; es schmeckt aber auch mit Schwein oder Rind.

Zutaten für 2 Portionen:
250 g Hackfleisch
2 Zwiebeln
2 EL Tomatenmark
Olivenöl zum Braten
Salz
Peffer
Knoblauch
1 große oder 2 kleine Auberginen
glattblättrige Petersilie
2 Tomaten
1/2 Fladenbrot

Das Fleisch mit den gehackten Zwiebeln und dem Tomatenmark in einer Pfanne mit Olivenöl gut durchschmoren, bis die Zwiebeln weich sind. Kräftig mit Salz, Pfeffer und vor allem mit Knoblauch würzen.

Aubergine(n) längs in Scheiben schneiden (etwas weniger als 1 cm dick) und in der Soße gar schmoren.
Mit glattblättriger Petersilie und frischen Tomatenachteln auf dem Teller garnieren (so wird das Gericht bei meinem liebsten türkischen Imbiss serviert).

Preis:
ca. 1 €
pro Person

Billiger ist das Gericht natürlich im Hochsommer, in der Zeit der Gemüseschwemme, teurer im tiefen Winter.

Blumenkohl überbacken

Beilage: Kartoffelpüree

Zutaten für 2 Portionen:

1 kleiner oder 1/2 großer Blumenkohl
40 g Butter
40 g Mehl
1/4 l Brühe
1/4 l Milch
Salz
Pfeffer
1 Tasse geriebener Emmentaler

Für das Kartoffelpüree:

1 Tütchen Kartoffelpüree
0,2 l Milch
etwas Butter

Den Blumenkohl in Röschen teilen, salzen und mit wenig Wasser oder im Dämpfeinsatz bissfest garen.

Aus Butter, Mehl und der Flüssigkeit eine Mehlschwitze zubereiten: Butter zergehen lassen, Mehl hineinstreuen und schwitzen lassen, bis die Mischung hellgelb ist. Flüssigkeit aufgießen. Mit Salz und Pfeffer würzen. Die Soße einige Minuten kochen lassen, dann den Käse darin schmelzen. In der klassischen Küche wird diese Soße übrigens »Sauce Mornay« genannt.

Das Gemüse in eine feuerfeste Form geben, mit der Soße überziehen und im Backofen bei 180 Grad gratinieren, bis die Käsesoße bräunt. Das Püree nach Anleitung zubereiten.

Preis:
ca. 0,60 €
pro Person

Resteverwertung: Verschiedene Käsereste reiben oder würfeln und die Soße geben.

Gurkengemüse in Dillsahne

Beilage: Kartoffelpüree

Ein Rezept für die Zeit der Gurkenschwemme, wenn die Gurken bei Aldi so billig sind wie sonst nirgendwo.

Zutaten für 2 Portionen:
1 Salatgurke, 1 Zwiebel
1 Knoblauchzehe, etwas Butter
gekörnte Brühe (aus dem Glas)
Salz
1/2 Becher Schmand
1/2 Bund frischer oder entsprechende Menge getrockneter Dill

Für das Kartoffelpüree:
1 Tütchen Kartoffelpüree
0,2 l Milch
etwas Butter

Die Salatgurke schälen, halbieren und die Kerne mit einem Löffel herausschaben. Anschließend in dicke Stücke schneiden. Danach die Zwiebel würfeln und die Knoblauchzehe pressen; beides in etwas Butter andünsten. Die geschnittenen Gurkenstücke zugeben und anschmoren. Würzen und wenig Wasser angießen. Bei geschlossenem Deckel ca. 10–15 Minuten garen, dann den Schmand und den Dill unterrühren und noch einmal kurz erhitzen. Kartoffelpüree nach Anleitung zubereiten.

Preis:
0,50 €
pro Person

Verfeinerung: Besonders aromatisch sind für dieses Gericht die kleinen »Einmachgurken«. Macht etwas mehr Arbeit beim Schälen, lohnt sich aber!

Tipp an die weiblichen Leser: Fangen Sie den Gurkensaft auf, der beim Entkernen und Zerkleinern austritt. Er ist ein wunderbar erfrischendes Gesichtswasser, das allerdings noch am selben Tag verwendet werden sollte. Dieses Rezept macht also auch noch schön.

Möhren mit Oliven geschmort

Beilage: Knoblauch-Baguette

Eine überraschende Variante dieses stets preiswerten und oft als »langweilig« verkannten Gemüses.

Zutaten für 2 Portionen:

350 g Möhren
1 Zwiebel
1 Knoblauchzehe
Olivenöl zum Braten
10–15 Oliven mit Paprikafüllung
Salz
Pfeffer
½ Bund frischer Schnittlauch
(oder 1 EL gefriergetrocknet)
1 Knoblauch-Baguette (Kühltheke)

Die Möhren putzen. Kleine Möhrchen in 1½ cm dicke Scheiben, dickere Möhren in entsprechend große Stücke schneiden. Die Zwiebel in Ringe schneiden, den Knoblauch durchpressen und beides in Öl glasig werden lassen. Die Möhren zugeben und kräftig anbraten. Ganz wenig Wasser angießen. Die Oliven hinzugeben, mit Salz und Pfeffer würzen und 20-25 Minuten garen. In der Zwischenzeit das Baguette aufbacken. Das Gemüse mit Schnittlauch bestreuen und zusammen mit dem Baguette servieren.

Preis:
ca. 0,40 €
pro Person

Tipp: Für ein konkurrenzlos preiswertes und gesundes vegetarisches Hauptgericht garen Sie die gleiche Menge gewürfelte Kartoffeln mit.

Variation mit Fleisch: Die Oliven weglassen, dafür gegen Ende der Garzeit geräucherte Putenbrust, in Würfel geschnitten, mit erhitzen.

Spinat grün-weiß

Beilage: Baguette

Spinat einmal anders: herzhaft mit Öl und Knoblauch. Mit Brot eine kleine vegetarische Mahlzeit.

Zutaten für 2 Portionen:

2 Knoblauchzehen
1 Paket Rahmspinat (TK)
1 Päckchen Feta-Käse
Olivenöl zum Braten
1 Baguette

Die Knoblauchzehen pressen und in Öl glasig werden lassen. Den aufgetauten (!) Spinat zugeben und rühren, bis die Flüssigkeit verdampft ist. Wenn überhaupt, vorsichtig salzen (die Spinatmischung ist bereits gewürzt). Gewürfelten Feta-Käse zugeben – jetzt nicht mehr rühren – und erhitzen, bis er zu schmelzen beginnt.

Preis:
ca. 0,55 €
pro Person

Ich kannte dieses oft unterschätzte Gemüse auch nur in Begleitung von Kartoffelpüree und Spiegelei, bis mir vor vielen Jahren in Spanien als »Tapa« ein Schälchen mit einem tiefgrünen, herrlich würzigen Gericht serviert wurde. Da mein Spanisch damals noch nicht berühmt war, wusste ich mit der Auskunft »Espinacas« nicht viel anzufangen. Es war natürlich ... Spinat, geschmort in Olivenöl und viel Knoblauch.

Variation: Probieren Sie dieses Rezept auch einmal mit frischem Blattspinat, wenn er angeboten wird: Die Blätter von den Stielen zupfen, gründlich waschen und gut abtropfen lassen.
Oder tiefgekühlten Blattspinat (nicht bei Aldi) verwenden. Ohne weitere Zutaten ins Öl geben und ca. 4 Minuten dünsten lassen. Dann den Käse zugeben. Rechnen Sie für 2 Personen mindestens 500 g, die Blätter fallen sehr stark zusammen.
Frischer Spinat hat wenig Eigenaroma und muss kräftig mit Salz, Pfeffer und Muskat gewürzt werden.

5. Kartoffeln – Der Tausendsassa in der Küche

Kartoffeln sind so vielseitig und voller guter Inhaltsstoffe, dass man von einem Sack davon und ein paar Beilagen lange leben könnte. Tatsächlich haben ältere Generationen genau das in Notzeiten getan. Heute herrscht keine Knappheit mehr, und wir können uns einen Spaß daraus machen, aus dem fügsamen und variablen Grundmaterial »Kartoffel« alles Mögliche zu zaubern – von rustikal bis edel. Kartoffelsalat-Rezepte finden Sie im Salatkapitel (siehe Seite 90–93).

Die Preise bei Kartoffeln schwanken saisonal. Dass sie preiswert sind, darüber sind wir uns ja wahrscheinlich einig. Im Moment bekommt man beispielsweise fünf Kilo davon für konkurrenzlose 1,59 € – da lässt sich kaum noch herunterrechnen, was 200 g kosten (ca. 6 Cent).

Als Beilage rechnet man pro Person mit etwa 200–250 g Kartoffeln. Ein Manko dabei ist, dass Salz- oder Pellkartoffeln allein ein wenig trocken sind, wenn bei der Mahlzeit keine Soße mitspielt. Dagegen lässt sich jedoch etwas tun.

Schmorkartoffeln

Zutaten für 2 Portionen:
500 g Kartoffeln
Olivenöl
2 kleine Zwiebeln
Salz
¼ l Brühe (aus dem Glas)

Die Kartoffeln schälen und roh in Würfel von etwa 1 cm Kantenlänge schneiden. In einem schweren Topf das Olivenöl erhitzen und die Zwiebeln anschwitzen, bis sie glasig sind. Dann die geschnittenen Kartoffeln zugeben und anbraten, bis sie Farbe annehmen. Salzen. ¼ l Brühe aufgießen und etwa 20–25 Minuten gar schmoren.

Preis:
ca. 0,20 €
pro Person

Béchamelkartoffeln

Zutaten für 2 Portionen:
500 g Kartoffeln

Für die Béchamelsoße:
40 g Butter
40 g Mehl
1/4 l Brühe
1/4 l Milch
Salz
Pfeffer
evtl. Kräuter (frisch oder gefriergetrocknet)
Sahne

Die Butter schmelzen, das Mehl hineingeben und leicht »anschwitzen« (daher kommt der Name), aber nicht bräunen lassen, d.h. bei geringer Hitze das Mehl im Fett hellgelb werden lassen. Die Masse muss kleine Bläschen bilden. Dann die Flüssigkeit zugießen und mit dem Schneebesen durchschlagen. 10 Minuten köcheln lassen, damit sich der Mehlgeschmack verliert. Mit Salz und Pfeffer abschmecken.

Gleichzeitig Salzkartoffeln kochen. Anschließend in einem großen Topf 5 Minuten in der Soße ziehen lassen. Eventuell frische oder getrocknete Kräuter zugeben und mit einem ordentlichen Schuss Sahne verfeinern.

Preis:
ca. 0,30 €
pro Person

Variation: Kartoffelgratin: Die gekochten Kartoffeln in Scheiben schneiden und in eine Form schichten. In die Béchamelsoße 1 Tasse geriebenen Emmentaler einrühren und schmelzen lassen.
Die Käsesoße über die Kartoffelscheiben gießen und im Backofen bei 180 Grad ca. 30 Minuten gratinieren.

Reibekuchen – Rieevkooche – Kartoffelpuffer

Reibekuchen sind in meiner Heimat Köln ein Küchenklassiker. Doch auch an vielen anderen Orten sind die kleinen Kartoffelfladen unter allen möglichen Namen zu Hause.

Grundrezept

Zutaten für 4 Portionen:
1 kg Kartoffeln
1 Zwiebel
3-4 EL Mehl
1 Ei
Salz
Öl zum Braten

In diesem Fall sollten Sie nicht das von mir ständig beschworene Olivenöl verwenden, sondern ein geschmacksneutrales Öl wie Sonnenblumen- oder Distelöl.

Die Kartoffeln und die Zwiebel in der Küchenmaschine reiben (feine Scheibe). Wenn die Masse zu flüssig ist, zunächst in ein feines Sieb geben und das Kartoffelwasser ablaufen lassen. Mit Mehl, Ei und Salz mischen. Öl in der Pfanne erhitzen. Aus dem Kartoffelteig kleine Fladen formen und von beiden Seiten goldgelb backen.

Preis:
ca. 0,20 €
pro Person

Beilagen:

- Süßmäuler streichen sich gern Apfelmus oder Preiselbeerkompott auf die leckeren Mini-Fladen.
- Auch verschiedene Quarkzubereitungen und Dips passen gut zum Reibekuchen.
- Eine riesige Salatschüssel rundet das Essen vitaminmäßig ab.

Papas arrugadas

Eine Spezialität von den Kanarischen Inseln. Der Name bedeutet »runzlige Kartoffeln«, und genauso sehen sie nach der Zubereitung auch aus.

Zutaten für 2 Portionen:
500 g kleine, möglichst gleich große Kartoffeln
2 1/2 Tassen Salz

Die Kartoffeln gut abbürsten. Mit einer Tasse Salz und Wasser aufsetzen und garen. Danach das Wasser abschütten und noch einmal eine halbe Hand voll Salz in den Topf geben. Gut durchschütteln. Den Topf wieder auf die heiße Herdplatte stellen, bis die Kartoffeln trocken und runzlig sind.

Preis:
ca. 0,20 €
pro Person

Tipp: Bitte wählen Sie Ihren ältesten Kochtopf aus; es bildet sich eine scheußliche Kruste!

Servieren: In einer möglichst rustikalen Schüssel mitten auf den Tisch gestellt, aus dem sich alle bedienen. Wer mag, isst die knusprige, salzige Haut ganz oder teilweise mit.

Resteverwertung: Übrig gebliebene Salz- oder Pellkartoffeln mit der Gabel fein pürieren. Mit verschlagenem Ei und Paniermehl binden, evtl. etwas Weizenmehl zugeben. Der Teig muss ziemlich fest sein. Kleine Taler formen und die Kartoffelplätzchen in der Pfanne braun braten.

6. Reis, Nudeln & Co.

Reis und Nudeln sind praktische, geduldige Beilagen, die aber nicht langweilig sein müssen und auch mal in der Hauptrolle auftreten können.

Reis

»Klebriger, klumpiger Reis? Das kann der besten Hausfrau passieren«, beschwor früher im Fernsehen der Onkel aus dem amerikanischen Süden, um natürlich seinen Kochbeutelreis als Lösung anzupreisen. »Das muss nicht sein«, fuhr er fort, und das stimmt auch. Mit der folgenden Methode wird der Reis immer locker und körnig; und da das Wasser vollständig aufgesogen wird, schütten Sie auch nicht mit der Kochbrühe wertvolle Inhaltsstoffe weg. Ideal für die Gesundheit wäre natürlich ungeschälter, brauner Reis, aber mäklige Mäuler rühren den oft nicht an. »Parboiled«-Reis, wie es ihn auch bei Aldi gibt, ist jedoch wertvoller als gewöhnlicher weißer Reis, da bei dieser Schälmethode mehr Vitamine und Mineralstoffe erhalten bleiben. Außerdem verzeiht er auch kleine Kochsünden und klebt fast nie.

Gesundheits-Trick: Mogeln Sie Ihrer Familie in Gerichten, in denen der Reis ohnehin »Farbe« bekommt – z.B. Reispfannen, die Tomate oder Sojasoße enthalten –, braunen Reis unter (leider nicht bei Aldi).

Reispfannen finden Sie im Kapitel »Fixe Pfannen« (siehe Seite 117–120).

Grundrezept für Reis

Zutaten für 2 Portionen:
1 EL Öl
1 Tasse (ca. 125 g) Langkornreis (parboiled)
2 Tassen Wasser
Salz

Das Öl heiß werden lassen. Dann den Reis zugeben und unter Rühren angehen lassen, bis er glasig ist. Wasser dazugeben, salzen und die Hitze herunterschalten. (Wenn Sie auf einem Elektroherd kochen und einen Edelstahltopf mit dickem Boden benutzen, Herd ganz ausschalten.) Den Deckel fest auflegen – eventuell eine Stoffserviette oder ein Küchentuch zwischen Topf und Deckel klemmen – und ca. 20 Minuten ausquellen lassen.

Preis:
0,15 €
pro Person

Bunte Reisbeilagen

Reis als Beilage braucht kein langweiliges Füllmaterial zu sein. Besonders, wenn das Fleisch, das er begleitet, nicht viel Soße mit sich bringt, macht sich bunter, passend gewürzter Reis wunderbar. Wirkt raffiniert und kostet nicht viel Mühe und kaum einen weiteren Cent.

Die Gewürze und Gemüsebestandteile werden gleich mit dem Wasser zum Reis gegeben.

Balkan-Reis

Zu Gegrilltem, Cevapcici (selbst gemacht oder TK) oder Frikadellen.

Zutaten für 2 Portionen:
1 Grundrezept Reis (siehe Seite 64)
1 Zwiebel
1 Knoblauchzehe
Tomatenmark
Paprikapulver
1 Paprikaschote

Die fein gewürfelte Zwiebel und die gehackte Knoblauchzehe in Öl anbraten, dann erst den Reis hinzugeben. Tomatenmark, nach Geschmack scharfes oder mildes Paprikapulver sowie eine in ganz feine Streifen geschnittene Paprikaschote (oder einen Gemüserest) ins Kochwasser geben.

Preis:
0,30 €
pro Person

Kräuter-Reis

Zu Frikadellen, Puten- oder Hähnchenfilet und Curry-Gerichten.

Zutaten für 2 Portionen:
1 Grundrezept Reis (siehe Seite 64)
1/2 Brühwürfel
gemischte Kräuter (frisch, TK oder gefriergetrocknet)
Butter

Den Reis in der Brühe garen. Vor dem Anrichten gemischte Kräuter unterheben und kurz durchziehen lassen. Ein Stück Butter unterheben.

Preis:
0,20 €
pro Person

Indischer Reis

Zu Geflügel.

Zutaten für 2 Portionen:
1 Grundrezept Reis (siehe Seite 64)
1 EL Currypulver
1 Apfel

Den Reis mit Currypulver würzen und den in kleine Stückchen geschnittenen Apfel (oder fein gewürfelte Ananas) unterheben.

Preis:
0,20 €
pro Person

Mexikanischer Reis

Zu Gegrilltem.

Zutaten für 2 Portionen:
1 Grundrezept Reis (siehe Seite 64)
Tomatenmark
Chilipulver
rote Bohnen und/oder Maiskörner

Das Tomatenmark und Chilipulver mit ins Kochwasser geben. Rote Bohnen und/oder Maiskörner unter den Reis mischen.

Preis:
0,20 €
pro Person

Orientalischer Reis

Zu Lamm- oder Geflügelfleisch.

Zutaten für 2 Portionen:
1 Grundrezept Reis (siehe Seite 64)
1 Zwiebel
1 EL Rosinen
1 EL Fleischbrühe (gekörnt)

Die klein gewürfelte Zwiebel, 1 EL Rosinen und 1 EL Mandelblättchen im Öl mit andünsten. Den Reis zusammen mit den Zutaten in der Fleischbrühe garen.

Preis:
0,20 €
pro Person

Milchreis

Wussten Sie, dass der Milchreis aus dem Becher nicht einmal echte Reiskörner enthält, sondern gepresste Reisabfälle? Kochen Sie Milchreis einmal selbst. Ein süßes Vergnügen als Dessert (für 4 Personen) oder Hauptgericht (für 2 Personen).

Grundrezept für Milchreis

Zutaten für 2 Portionen:
1 l Milch
175 g Milchreis (Rundkorn-Reis; nicht bei Aldi)
Vanillin-Zucker oder echte Vanille
oder
ein Päckchen Vanille-Puddingpulver
Zucker und Zimt nach Geschmack

Die Milch aufkochen und die übrigen Zutaten zugeben. Bei kleiner Hitze ca. 45 Minuten köcheln lassen, bis die Milch vollständig aufgesogen ist.

Preis:
knapp 0,40 €
pro Person

Servieren: Klassisch wird der Reis mit einer Zimt-Zucker-Mischung überstreut serviert.

Variationen

Schoko-Milchreis
1 Päckchen Schokoladen-Puddingpulver verwenden; oder vor dem Aufkochen einige Löffel Kakaopulver oder Instant-Schokogetränk (in diesem Fall Vorsicht mit dem Zucker!) mit der Milch vermischen.

Nutoka-Milchreis

Einen dicken Klecks Nuss-Nugat-Creme auf dem heißen Reis schmelzen lassen.

Früchtetraum

Abgetropfte Früchte aus der Dose (Mandarinen, Ananas o. Ä.) unter den Reis heben. Oder Früchte (ohne Sirup) im Mixer pürieren und so eine blitzschnelle Soße zaubern.

Schwarzwald

Aus 1 Glas Sauerkirschen, dessen Flüssigkeit mit Kartoffelstärke gebunden wird, eine heiße Kirschsoße kochen. Eventuell nachsüßen.

Tipp für Erwachsene: Kirschsoße mit 1 Gläschen Kirschwasser abschmecken, über den Reis geben und mit geraspelter Zartbitterschokolade überstreuen.

Nudeln

Bei Nudeln gibt es inzwischen eine unendliche Variationsbreite, während man in früheren Jahren nur »Spagetti« und »Krausband« kannte. Teuer wird der Spaß aber auf keinen Fall, denn bei Aldi kosten 500 g Spagetti oder andere Hartweizen-Nudeln 0,29 €; 500 g Spätzle oder Eiernudeln 0,59 €.

Bei der Nudel kommt es auf die Soße an.

Bolognese-Soße

Zutaten für 2 Portionen:
1/2 Pfund Hackfleisch (TK)
1 dicke Zwiebel
1 Knoblauchzehe
1 Dose Tomaten
Thymian
Oregano
oder
Würzmischung »italienisch«
Salz, Pfeffer
Olivenöl zum Braten
geriebener Parmesankäse
(Bei Aldi gibt es den echten Parmesan am Stück; andere Discounter bieten ihn auch gerieben im Tütchen an.)

Das Hackfleisch in Öl anbraten und fein zerbröseln. Die gewürfelte Zwiebel mit glasig werden lassen. Knoblauchzehe pressen und dazugeben. Mit den Dosentomaten aufgießen, würzen und ca. 20 Minuten schmoren lassen.

Preis:
ca. 0,70 €
pro Person

Servieren: Mit Spagetti und geriebenem Parmesan servieren.

Tipp zum Nudelkochen: Reichlich Wasser aufkochen, salzen und einen ordentlichen Schuss Öl ins Wasser geben. So kleben die Nudeln nicht zusammen.

Tunfisch-Sahne-Soße

Minutenschnell, superpreiswert und aus Zutaten gemacht, die man fast immer im Haus hat. Leider etwas gehaltvoll; aber mit Tunfisch im eigenen Saft längst nicht so lecker.

Zutaten für 2 Portionen:
1 Dose Tunfisch in Öl
1 Zwiebel
1 Päckchen H-Sahne
Salz
Pfeffer

Den Tunfisch gut abtropfen lassen. In etwas von dem aufgefangenen Öl die in grobe Stücke gehackte Zwiebel glasig werden lassen. Dann den Tunfisch zugeben, zerpflücken und kurz mit schmoren lassen. Mit der Sahne aufgießen, salzen und pfeffern und einige Minuten kochen lassen.

Preis:
ca. 0,50 €
pro Person

Servieren: Dazu unbedingt Spagetti reichen.

Frisches Pesto

Ganz klassisch wird die berühmte italienische Nudelsoße ja mit Pinienkernen zubereitet. Verwenden Sie jedoch einmal verschiedene Nusssorten (Walnusskerne o. Ä.) oder Samen (Sonneblumenkerne o. Ä.): Das Pesto schmeckt genauso gut, und es ergeben sich sogar überraschend neue Geschmacksnuancen.

Die Mengen sollten Sie über den Daumen peilen; wichtig ist, dass Ihnen die Konsistenz angenehm ist. Daran denken: Pesto wird nicht als dicke Soße über die Nudeln gegossen, sondern sparsam verwendet.

Pesto ist die ideale Verwertung, falls Sie einen ungeliebten dicken Basilikumbusch auf der Fensterbank haben. (Geht es Ihnen ähnlich? Man kauft einen Topf und isst dann doch nicht so oft Tomate mit Mozzarella, wie man dachte; oder aus Aldis schönem Dreierkästchen mit Petersilie, Schnittlauch und Basilikum bleibt das Basilikum übrig.)

Zutaten für 4 Portionen:
Basilikumblätter
50 g Nusskerne oder Samen
Knoblauch
150 g geriebener Parmesan
(vom Stück, nicht aus der Tüte)
Olivenöl (genug, um alles
gut zu befeuchten)

Alle Zutaten zusammen im Mixer oder mit dem Rührstab passieren. Die Masse muss dickflüssig sein und braucht gar nicht so fein püriert zu werden wie gekauftes Pesto.

Preis: Der Preis lässt sich bei diesem Rezept wegen der unterschiedlichen Nusssorten (Samen) kaum kalkulieren. Mit Basilikum vom Fensterbrett und Nuss- und Käseresten kommen Sie auf den Lieblingspreis des Sparfuches, nämlich fast Null.

Servieren: Dazu unbedingt Spagetti servieren.

Bulgur und Couscous

In diesem Kapitel möchte ich eine Lanze brechen für zwei wunderbare Grundstoffe aus orientalischen Kochtöpfen, nämlich für Bulgur und Couscous. Beides besteht aus vorgegartem Weizenschrot; Couscous ist dabei die feinere Variante. Der zarte, leicht nussige Geschmack passt zu allen Fleisch- und Gemüsegerichten mit Soße. Vor allem aber lassen sich diese Beilagen gut auf Vorrat halten, um dann unübertroffen schnell, in maximal 10 Minuten, auf dem Tisch zu stehen.

Der Preis für 500 g Bulgur oder Couscous liegt, je nachdem, ob Sie beides in der Spezialitätenabteilung eines »Normal«-Supermarktes oder beim türkischen Händler kaufen, zwischen 1 € und 2 €.

Couscous

Couscous stammt aus der nordafrikanischen Küche und ist eine Art grober Hartweizengrieß. Er ist inzwischen fast überall erhältlich, bei Aldi allerdings nicht. Der Extra-Weg lohnt sich aber. Traditionell wird er in einem speziellen Topf über einem Fleisch- oder Gemüsegericht in einem Aufsatz gedämpft; so wie unten beschrieben geht es aber auch.

Grundrezept für Couscous und Bulgur

Zutaten für 4 Portionen:

250 g Couscous
1/2 l Wasser oder Brühe
Salz
ein Stück Butter nach Geschmack

Wasser oder Brühe aufkochen, Couscous einstreuen. Danach den Topf vom Herd nehmen und den Couscous 3 Minuten ziehen lassen. Die Butter unterrühren und auf dem Herd noch einmal ein paar Minuten fertig dämpfen.

Bulgur

Bulgur wird wie Couscous zubereitet (siehe Seite 73). Wenn der Bulgur kalt verwendet werden soll, z.B. als Salatzutat, einfach nur 10-15 Minuten in Wasser einweichen und anschließend gut ausdrücken.

Variationen: Sie können Bulgur und Couscous genauso variieren wie Reis (siehe Seite 65–67); allerdings müssen Gemüse-Beigaben wegen der kurzen Dämpfzeit bereits gegart sein.

Resteverwertung: Geben Sie übrig gebliebenen Bulgur oder Couscous einmal statt Brot zum Lockern unter Hackteig. Mit Zwiebeln, Knoblauch, Kreuzkümmel und etwas Zimt würzen und mit verschlagenem Ei binden. So erhalten Sie Frikadellen oder Hackfleischspieße »auf libanesische Art«, die gegrillt am besten schmecken. Oder die Reste als Einlage in klare Suppen geben.

Weitere Gerichte mit Bulgur in diesem Buch: Tabouleh-Salat (siehe Seite 87–88) und die »Blitzschnelle Bulgur-Pfanne« (siehe Seite 118).

7. Eier – Eine runde Sache

Eier sind preiswert, lecker und unendlich zu variieren. Aus ihnen lassen sich unzählige leichte Gerichte zaubern; und zu einem üppigen Sonntagsfrühstück oder Brunch gehören sie einfach dazu. Gerührt, geschüttelt oder wie auch immer Sie sie am liebsten mögen.

Zum Glück hat die Wissenschaft festgestellt, dass Eier den Cholesterinspiegel keineswegs in die Höhe treiben. Anscheinend hat das über die Nahrung zugeführte Cholesterin nichts mit dem Cholesterinspiegel im Blut zu tun. Auch als Dickmacher wirken sie mit ihren fünf bis sechs Gramm Fett (je nach Größe) pro Stück nur, wenn man sie beispielsweise in Mayonnaise, Bratfett oder Speck ertränkt.

Auch Eier sind so ein Produkt, das im Preis schwankt. Ich rechne in diesem Kapitel mit einem Mittel zwischen »Normaleiern« in der preiswerten Phase und »frei laufenden« Eiern, also mit etwa 0,12 €.

Rührei mit Räucherfisch

Probieren Sie statt des traditionellen Schinkens mal Fisch als Einlage aus. Alle fetten Fische wie Hering, Sardine oder Lachs enthalten die wertvollen Omega-3-Fettsäuren, die Herzkrankheiten vorbeugen und die Adern gesund halten – billige Ölsardinen übrigens genauso wie edler Räucherlachs.

Zutaten für 1 Portion:
2 Eier
1 EL Milch
1 Prise Salz
1/2 bis 1 Filet vom Bückling
oder Räucherforelle (eventuell auch
1 bis 2 gut abgespülte Ölsardinen)
Schnittlauch zum Garnieren
Öl zum Braten

Die Eier, Milch und das Salz kräftig verquirlen oder mixen. Den Fisch mit einer Gabel vorsichtig in nicht zu kleine Stücke zerzupfen. Schnittlauch in feine Röllchen schneiden. In einer beschichteten Pfanne das Öl nicht zu stark erhitzen und die Eiermasse hineingießen. Sobald sie zu stocken beginnt, mit einem Spatel vom Rand her immer wieder zusammenschieben. Wenn das Rührei halb fest ist, die Fischstücke hineingeben und unterheben. Unter mehrmaligem Wenden fertig stocken lassen, aber keineswegs so lange, bis das Ei trocken wird oder gar zu bräunen beginnt. Es muss noch zart und flockig sein. Mit Schnittlauch garnieren.

Preis:
0,40 €
pro Person

Variation: Für einen eleganten Brunch oder ein romantisches Frühstück zu zweit pro Person eine in Streifen geschnittene große Scheibe Räucherlachs verwenden. Den Lachs ganz am Ende zufügen und darauf achten, dass er nicht zu heiß wird, sonst verliert er an Geschmack.

Eier in Dill-Sahne-Soße

Beilage: Reis

Ideal für Tage, an denen die Haushaltskasse schief hängt: leicht, preiswert und fleischlos.

Preis:
0,40 €
pro Person

Zutaten für 4 Portionen:

8 Eier
1 Rezept helle Grundsoße (siehe Seite 49)
3 EL Sahne
getrockneter oder frischer Dill
250 g Reis

Die Eier 6 bis 7 Minuten wachsweich kochen, abschrecken und schälen. Eine helle Grundsoße (z.B. »Senfsoße«, natürlich ohne Senf, siehe Seite 49) zubereiten. Mit Sahne und Dill abschmecken. Die Eier noch einige Minuten in der Soße erhitzen.

Servieren: Dazu einen zarten Blattsalat reichen!

Tipp: Optisch hübsch: Die Eier längs durchteilen und so in die Soße legen, dass sie nicht einsinken und Eigelb und Eiweiß sichtbar bleiben. Mit Dill überstreuen.

Variation: Aus der hellen Soße eine Currysoße zaubern. Wer's mag, gibt Ananas- oder Pfirsichstückchen an die Soße.

Gefüllte Eier

Als Vorspeise, zum Abendessen oder fürs kalte Büffet.

Preis:
ca. 0,25 €
pro Person

Zutaten für 1 Portion:
2 Eier
Salz
Pfeffer
Salatcreme 30 %
Gewürze nach Geschmack

Die Eier hart kochen. Dann längs teilen und das Eigelb herauslösen. In einem tiefen Teller mit einer Gabel zerdrücken, salzen, pfeffern und mit Salatcreme verrühren, bis eine geschmeidige Masse entstanden ist. Nach Geschmack würzen, z.B. mit Aldis getrockneten Salatkräutern, Paprika, Curry oder was Ihnen sonst noch so einfällt.

Die Füllung in eine Plastik-Tiefkühltüte füllen und fest zudrehen. Eine Ecke abschneiden (nicht zu groß) und die Masse in die Höhlungen spritzen.

Servieren: Nett serviert werden die Eier auf einem Bett aus leicht angemachtem grünen Salat. Oder mit zu Fächern geschnittenen sauren Gürkchen und Tomatenachteln anrichten.

Tipp: Gefüllte Eier eignen sich hervorragend als Party-Mitbringsel, da sie Stunden zuvor vorbereitet werden können:
In drei Plastiktüten einmal die halbierten Eier, dann die Eigelbmasse und zum Dritten die Garnierzutaten verpacken. Wenn serviert werden soll, rasch die Eierhälften und die Garnierung auf einer Platte anrichten. Die dritte Tüte anschneiden und die Füllung in die Eier spritzen.

Pfannkuchen

Die »Alltagsversion« des edlen Omeletts, nicht nur ein schnelles Essen für Kinder, sondern auch ein geduldiger Grundstoff für jeden Geschmack.

Grundrezept für Pfannkuchen

Zutaten für 2 Portionen:
125 g Mehl
1/4 l Milch
2 Eier
Salz *oder* Zucker
Öl *oder* Butter zum Backen

Alle Zutaten verquirlen und in einer beschichteten Pfanne dünne Pfannkuchen backen.

Preis:
0,30 €
pro Person

Süße Variationen:

- Pfannkuchen mit Puderzucker oder Zimt und Zucker bestreut servieren.
- Pfannkuchen mit Nuss-Nugat-Creme bestreichen.
- Den Teig in die Pfanne geben und halbierte Zwetschgen oder Apfelschnitze hinzugeben; mit Zucker bestreut servieren (Vorsicht, den Zucker erst auf die fertigen Pfannkuchen geben, sonst ziehen besonders die Pflaumen zu viel Saft!)

Herzhafte Variationen:

- Speckwürfel, Schinkenstreifen oder Mettwurstscheiben mitbraten, dann den Teig salzen.
- Salami- und Tomatenscheiben unter den Teig mischen, mit Thymian und Oregano würzen. Mit etwas geriebenem Käse überstreuen.

Pfannkuchen-Cannelloni

Cannelloni (oder auch Lasagne) aus Pfannkuchen-Teig sind durchaus eine ernsthafte Konkurrenz gegenüber dem Original mit Pasta. Und: Ein Pfannkuchen ist leichter gerollt als die Füllung in ein widerspenstiges Cannelloni gestopft.

Zutaten für 2 Portionen:

1 Grundrezept Pfannkuchen (siehe S. 79)
1 Zwiebel
1 Knoblauchzehe
1/2 Pfund Hackfleisch
1 EL Tomatenmark
Salz
Pfeffer
2 EL Schmand
1 Dose Tomaten
Thymian
Oregano
(oder fertige Kräutermischung »italienisch«)
eine Hand voll Reibkäse

Die Pfannkuchen braten und beiseite stellen. In derselben Pfanne die Zwiebel und den Knoblauch in Öl anbraten. Das Hackfleisch zugeben, fein zerdrücken und anrösten. Dann das Tomatenmark, Salz und Pfeffer zugeben. Pfanne vom Herd nehmen und den Schmand unterrühren. Aus Dosentomaten und Gewürzen eine einfache Tomatensoße kochen und mit dem Mixstab pürieren.
Jetzt kommt alles zusammen: Hackfleischfüllung in die Mitte der Pfannkuchen geben, zusammenrollen und mit der offenen Seite nach unten dicht nebeneinander in eine Auflaufform legen. Mit Tomatensoße übergießen und mit Käse bestreuen.
20–30 Minuten bei 180 Grad im Ofen backen. Wenn der Käse zu stark bräunt, abdecken!

Preis:
ca. 0,80 €
pro Person

8. Salate – Knackig und herzhaft

Salate sind beileibe nicht nur Grünfutter, sondern haben viele Gesichter: knackige Vitaminspritze oder gehaltvolle kalte Mahlzeit, Beilage oder sättigendes Hauptgericht. Lassen Sie sich inspirieren!

Soßen für frische Salate

Weiße Essig-Öl-Soße

Eine Vinaigrette mit hellem Essig (kein Balsamico!) zubereiten. Zum Schluss süße Sahne oder Dosenmilch unterschlagen, bis die Soße emulgiert.

Klassische Vinaigrette (Essig-Öl-Soße)

1 Teil Essig, Balsamessig oder Zitronensaft
Salz
Pfeffer
evtl. Senf und/oder gepresster Knoblauch
Kräuter
nach Geschmack fein gewürfelte Zwiebel
2 Teile Olivenöl

Zuerst den Essig (oder Zitronensaft) in die Schüssel geben und Gewürze einrühren, bis das Salz sich ganz aufgelöst hat. Erst dann nach und nach das Öl unterschlagen. So entsteht eine glatte Emulsion, in der Essig und Öl »zusammenhalten«.

Salatsoße mit saurer Sahne

1 Becher saure Sahne (oder Schmand)
2 EL Öl
1 EL Zitronensaft
Salz
Pfeffer
evtl. Senf und/oder gepresster Knoblauch
Kräuter
nach Geschmack fein gewürfelte Zwiebel

Frische Salatzutaten mit einer dieser Soßen anrichten.

Tipps für Salatzutaten:

- Bei Tomaten viel Zwiebeln und frisches Basilikum zugeben.
- Gurken mit Dill würzen.
- Bei Tomaten und Gurken eventuell klein gewürfelten Feta-Käse zugeben.
- Blattsalate solo oder gemischt anrichten.

Spanischer Wurstsalat

Zutaten für 2 Portionen:
1/3 von einer Chorizo-Wurst
1 Zwiebeln
einige Oliven, in feine Streifen geschnitten
1 Tomate
1 Knoblauchzehe, gepresster oder granulierter Knoblauch
Vinaigrette-Soße (siehe Seite 81)

Die Chorizo-Wurst in feine Scheiben und diese wiederum in dünne Streifen schneiden. Die Zwiebel, Oliven und die Tomate in feine Stücke schneiden und mit Knoblauch würzen. Mit der Vinaigrette-Soße vermischen und gut durchziehen lassen.

Preis:
ca. 0,60 €
pro Person

Feldsalat

Aldis knackiger, gut geputzter Feldsalat ist inzwischen bei vielen Kunden Legende.

Feldsalat mit Walnüssen

Den Feldsalat zupfen und mit einer Vinaigrette anmachen (siehe Seite 81). Mit gehackten Walnüssen mischen.

Preis:
ca. 0,25 €
pro Person

Verfeinerung: Besonders fein schmeckt dieser Salat, wenn Sie Walnussöl verwenden.

Feldsalat mit Speck

Den Feldsalat zupfen und mit einer Vinaigrette anmachen (siehe Seite 81). Ausgelassene, lauwarme Speckwürfel (ohne das ausgebratene Fett) darüber geben.

Preis:
ca. 0,40 €
pro Person

Bunte Salatplatte als Hauptgericht

Beilage: Baguette mit Kräuterbutter

Servieren Sie im Sommer auch einmal Salat als Hauptgericht! Dann sollte der Salat außer den frischen Komponenten allerdings auch Eiweißreiches und Sättigendes wie Ei, Schinken usw. enthalten. Für jeden Esser einen eigenen großen Teller anrichten. Auf den Tellern zuerst ein Bett aus Blattsalat anrichten. Darauf kreisförmig auslegen: Tomatenscheiben, Gurkenscheiben, Zwiebel- oder Paprikaringe usw. In der Mitte die Beigaben anrichten.

Beigaben für bunte Salate

Zutaten für 1 Portion:

1 kaltes, in Streifen geschnittenes Hähnchenfilet
oder
2-3 Scheiben Kochschinken, in Streifen geschnitten
oder
Tunfisch aus der Dose (in diesem Fall lassen wir wegen des Aromas mal die Kaloriensorgen und nehmen Tunfisch in Öl, den wir sehr gut abtropfen lassen)
Oliven
Feta-Käse in Würfeln
(besonders aromatisch: in Öl eingelegt)
Gouda oder Emmentaler in Würfelchen oder Streifen

Eventuell mit einem hart gekochten Ei (in Scheiben oder Achteln geschnitten) dekorieren. Vorsichtig mit einer klaren Vinaigrette (siehe Seite 81) übergießen.

Preis: Der Preis lässt sich hier nur schwer berechnen; ich gehe mal davon aus, dass Sie dieses ideale Sommergericht auch in der entsprechenden Jahreszeit zubereiten, in der das Gemüse spottbillig ist.
Die Beigaben jedenfalls kommen auf 0,30 € bis maximal 0,50 € pro Person; ein halbes Baguette mit Knoblauch- oder Kräuterbutter schlägt noch einmal mit etwa 0,20 € zu Buche.

Insalata caprese

Der klassische italienische Salat aus Mozzarella, Tomaten und Basilikum. Ganz einfach zuzubereiten – und trotzdem wird er im Restaurant für ein Höllengeld serviert.

Zutaten für 1 Portion:
1 Kugel Mozzarella
1-2 Tomaten
frische Basilikumblätter
Salz
schwarzer Pfeffer (muss sein, auch wenn's bei Aldi nur weißen gibt)
Olivenöl

Den Käse und die Tomaten in Scheiben schneiden und mit den Basilikumblättern fächerförmig auf einem großen Teller auslegen. Mit Olivenöl beträufeln. Würzen.

Preis:
ca. 0,70 €
pro Person

Tipp für ein intensives Basilikum-Erlebnis: Keine frischen Blätter verwenden; statt dessen in Öl eingelegtes Basilikum (siehe Seite 101) über den Tomaten-Mozzarella-Fächer geben.

Sommerlicher Hähnchen-Salat

Dieses Rezept entstand spontan aus dem, was nach einem Picknick übrig blieb. Oft wird Geflügelsalat ja mit Champignons und Mandarinen zubereitet. Hier bilden Melone und Erdbeere die neutrale und die süße Komponente, während Gürkchen für knackigen Biss sorgen.

Zutaten für 2 Portionen:
1 Spalte Galia- oder Honigmelone
4-5 Erdbeeren
1 mittelgroße Gewürzgurke
1/3 Tasse Salatcreme 30 %
2 gegarte, kalte Hühnerbeine
(aus Aldis »Schenkelpfanne«)
Currypulver
einige Salatblätter
evtl. frischer oder getrockneter Dill

Die Früchte und die Gurke in kleine Würfelchen schneiden. Die Haut von den Hähnchenschenkeln abziehen, das Fleisch von den Knochen lösen und in Würfel schneiden. Alle Zutaten mit der Salatcreme vermischen und mit Curry würzen, eventuell nachsalzen (das kommt darauf an, wie das Hähnchenfleisch zum Braten oder Grillen gewürzt wurde). Den Salat im Kühlschrank mindestens 1-2 Stunden ziehen lassen.

Servieren: Auf kleinen Tellern ein Bett aus zerpflückten Salatblättchen auslegen, den Hähnchen-Salat darauf häufen.
Mit getrocknetem Dill überstreuen oder mit zerzupften Dillzweigen garnieren.

Preis:
ca. 0,60 €
pro Person

Salate für viele

Die folgenden Salate eignen sich gut, wenn viele Mäuler zu stopfen sind, z.B. für Feste und Büfetts. Die Zutaten sind für vier Personen angegeben und können beliebig vervielfacht werden. Noch einen Grund gibt es, sie auch in Single- oder Zwei-Personen-Haushalten in größerer Menge zuzubereiten: Sie munden immer besser, je länger sie durchziehen, so dass Reste am nächsten Tag bestimmt wieder Liebhaber finden werden. Auch zum Mitnehmen ins Büro ideal geeignet.

Tabouleh

Der klassische nordafrikanische Salat aus Weizenschrot (Bulgur). In Frankreich ist er so beliebt, dass er fertig im Kühlregal angeboten wird wie bei uns Fleisch- oder Heringssalat. Die perfekte Rolle spielt Tabouleh als Party-Salat, als Beilage zu gegrilltem oder kurz gebratenem Fleisch und als Füllung für Fladen- oder Pitabrot.

Bulgur ist getrocknete Weizengrütze und in türkischen Läden oder im Reformhaus zu erhalten. Er ist vorgegart und braucht nur eingeweicht zu werden.

Zutaten für 4 Portionen:
100 g Bulgur
250 ml Wasser
2 große, feste Tomaten
2 Stangen Lauchzwiebeln
1 Bund Petersilie
(oder getrocknete Petersilie)
einige Zweige frische Minze (zur Not etwas aus einem Beutel Pfefferminztee)
2 EL Zitronensaft
4 EL Olivenöl
Salz
Pfeffer

Den Bulgur in kaltem Wasser 15 Minuten einweichen, dann in einem Sieb abtropfen lassen und mit einem Löffel gut ausdrücken. Die Tomaten in feine Würfel, Lauchzwiebeln in Ringe schneiden. Dann die Kräuter hacken. Aus Zitronensaft, Öl, Salz und Pfeffer eine Vinaigrette bereiten. Alles gut mit dem Bulgur, Tomaten, Zwiebeln und den Kräutern mischen und im Kühlschrank mindestens ½ Stunde – besser länger – ziehen lassen.

Preis: Tabouleh ist eine Mahlzeit, deren Kosten sich schwer kalkulieren lassen, weil die meisten Zutaten nicht bei unserem Lieblings-Discounter zu bekommen sind. Sie dürfte aber auf keinen Fall die 0,50-€-Grenze pro Person übersteigen.

Tipp für ein wunderbares Sommergericht:
Mit Streifen von gebratenem Hähnchenfleisch wird aus dem Salat ein sättigendes Hauptgericht, das sich auch ideal zum Mitnehmen eignet.

Achtung! Dieses einfache, köstliche Gericht, bei dem der Herd kalt bleibt, birgt zwei Gefahren des Misslingens. Tabouleh kann nämlich zum einen zu flüssig und zum anderen zu sauer ausfallen. Daher den Bulgur gut ziehen lassen und gründlich ausdrücken, die Vinaigrette nur sparsam zufügen und lieber etwas davon übrig behalten. Vor allem Vorsicht mit dem Zitronensaft. Ein gutes Tabouleh sollte locker und aromatisch sein und einem niemals vor lauter Säure den Mund zusammenziehen.

Tunfischsalat in Tomaten

Zutaten für 4 Portionen:
1 Dose Tunfisch in Öl oder in eigenem Saft
2 hart gekochte Eier
1/2 Zwiebel
8-10 schwarze Oliven (nicht bei Aldi)
1/2 Tasse Salatcreme 30 %
Salz
weißer Pfeffer
4 große oder 8 kleine Tomaten

Preis:
ca. 0,50 €
pro Person

Den Tunfisch abtropfen lassen und mit der Gabel fein zerpflücken. Die gekochten Eier würfeln und die halbe Zwiebel möglichst fein hacken. Die Oliven halbieren und entkernen. Alles mit der Salatcreme und den Gewürzen mischen und gut durchziehen lassen.

Von den Tomaten die Deckel abschneiden und das Innere aushöhlen. Mit dem Tunfischsalat füllen und auf einer Platte anrichten.

Resteverwertung: Die Tomatenreste in einer Tomatensoße oder -suppe verarbeiten. Da Sie ohnehin die Oliven bei der Hand haben, probieren Sie doch einmal das Rezept »Hähnchenbrust mit Tomaten und Oliven« (siehe Seite 28) aus.

Servieren: Der Salat kann auch »solo« mit Brot serviert werden. Für einen Partysalat sollte allerdings die Menge verdreifacht werden. In diesem Fall lässt sich auch problemlos der Anteil der Eier erhöhen, z.B. acht Eier auf drei Dosen Fisch.

Kartoffel- und Nudelsalate

Kartoffel- und Nudelsalate sind die Klassiker der deutschen Partyküche und dürfen hier nicht fehlen.

Kartoffelsalat »klassisch«

Zutaten für 4 Portionen:
750 g fest kochende Kartoffeln
4 hart gekochte Eier
einige Gewürzgurken
2 Tassen Salatcreme 30 %
evtl. etwas Milch
Salz
Peffer
Kräuter nach Geschmack

Die Kartoffeln sauber schrubben und 20–30 Minuten in der Schale garen. Energiebewusste Köchinnen und Köche kochen die Eier gleich mit im selben Topf. Nach 8–10 Minuten herausnehmen. Mit einem kleinen Messer oder einer Rouladennadel die Kartoffeln anstechen, um festzustellen, ob sie gar sind. Wenn ja: abgießen, abschrecken und ein paar Minuten im kalten Wasser liegen lassen; so kann man sie am besten pellen. Die Kartoffeln müssen gut abkühlen, bevor sie weiterverarbeitet werden.

Die gekochten Eier und die Gurken (etwa gleiche Menge) würfeln, mit der Salatcreme verrühren und mit etwas Einlegeflüssigkeit von den Gurken und/oder Milch verdünnen. Eine zu dicke, klebrige Soße ist das Schlimmste, das einem Kartoffelsalat passieren kann. Salzen, pfeffern und nach Geschmack mit Kräutern würzen. Die Soße unter die abgekühlten und geschnittenen Kartoffeln mischen.

Preis:
ca. 0,35 € – 0,40 €
pro Person

Servieren: Als kleiner Imbiss oder Beilage zu Frikadellen, Backfisch oder Fischstäbchen.

Resteverwertung: Der Salat kann auch in kleinerer Menge aus übrig gebliebenen Salzkartoffeln zubereitet werden.

Verfeinerung: Unsere Oma gibt immer noch gewürfelte Fleisch- oder Jagdwurst und viel gewürfelte Zwiebeln unter den Salat, so schmeckt er am besten! Oder reichlich frische Tomaten und/oder Gurkenstücke zugeben (kurz vor dem Servieren, denn das Gemüse zieht noch Wasser). Mit den frischen Vitaminchen wird der Salat, der schon Kohlehydrate und Eiweiß hat – na schön, auch etwas Fett, zugegeben –, zur kompletten Mahlzeit.

Der schnellste Kartoffelsalat der Welt

Zutaten für 2 Portionen:
1 Päckchen »Kartoffelzwerge«
(das sind fertig gekochte Kartoffeln aus dem Kühlregal)
1/2 Becher Fleischsalat
evtl. etwas Milch oder Gurkenessig zum Verdünnen
evtl. frische Kräuter
2 dicke Tomaten

Die Kartoffeln aus der Tüte nehmen und in einem Sieb kurz mit Wasser abspülen. In Scheiben schneiden. (Den Geschwindigkeits-Weltrekord brechen Sie, wenn Sie dazu einen Eierschneider verwenden. Die vorgekochten Knollen sind so klein, dass sie auf jeden Fall in das Maschinchen passen.) Die geschnittenen Kartoffeln mit dem Fleischsalat verrühren. Eventuell mit etwas Milch verdünnen und frische oder getrocknete Kräuter darunter geben. Auf zwei Tellern anrichten. Damit die Vitamine nicht zu kurz kommen, mit Tomatenscheiben oder -achteln umlegen.

Preis:
ca. 0,85 €
pro Person

Knoblauch-Kartoffelsalat

Mit einem solchen Kartoffelsalat pflegte mein Kommilitone Helmut die Gruppen-Lernsitzungen vor dem Examen zu würzen. Supereasy und superlecker.

Zutaten für 4 Portionen:
750 g Kartoffeln
Knoblauchmayonnaise (siehe Seite 99)
evtl. Milch oder Jogurt
Salz

In Scheiben geschnittene, kalte Salz- oder Pellkartoffeln unter die Knoblauchmayonnaise (eventuell mit Milch oder Jogurt verdünnen) heben. Noch einmal abschmecken. Bei Pellkartoffeln, die ja ohne Salz gegart werden, muss kräftig nachgesalzen werden. Den Salat gut durchziehen lassen, damit das Knoblaucharoma sich den Kartoffeln mitteilt!

Preis:
0,25 €
pro Person

Nudelsalat

Zutaten für 4 Portionen:
250 g Nudeln (Rohgewicht;
kleine Nudeln wählen, z.B. Muschelnudeln oder Gabelspagetti)
einige Gewürzgurken
4 hart gekochte Eier
2 Tassen Salatcreme 30 %
evtl. etwas Milch
Kräuter nach Geschmack

Die Nudeln nicht zu weich kochen. Das Gericht wie den klassischen Kartoffelsalat (siehe Seite 90) zubereiten. Eventuell noch gewürfelte Fleischwurst oder Reste von Wurst oder Braten hinzugeben. Gut durchziehen lassen. Da die Nudeln noch Flüssigkeit aufnehmen, muss der Salat vielleicht noch einmal mit Milch oder Gurkenessig verdünnt werden.

Preis:
ca. 0,30 €
pro Person

Tipp für Nudelsalat mexikanisch: Kidney-Bohnen und Mais aus der Dose unterheben. Die Soße nach Geschmack mit mildem Paprika oder Chilipulver würzen.

Tipp: Zu einer kompletten Mahlzeit, zu der ja auch immer etwas Frisches gehört, wird der Nudelsalat, wenn Sie ein paar Tomaten oder ein Stück Salatgurke darunter schneiden.

Reste sind das Beste!

Wurst-Käse-Salat

Reste von Fleischwurst *oder* Aufschnitt
Käsereste
1 Vinaigrette (siehe Seite 81)
Zwiebelwürfel
evtl. Kräuter
saure Gurken

Die Reste von Wurst und Käse in schmale Streifen schneiden. Mit der Vinaigrette und Zwiebelwürfeln anmachen. Eventuell noch Kräuter oder gewürfelte saure Gurken zufügen.
Merke: Zwiebel muss, Kräuter dürfen, Gurken können!

Tipp fürs Büfett: Den Salat in größeren Mengen für das kalte Büfett zubereiten. Eine ideale Kombination sind hierfür Schinken-Fleischwurst und junger Gouda.

Vorsicht! Der Salat ist nichts zum Abnehmen. Er ist ziemlich kompakt und schmeckt – leider – so lecker, dass man leicht zu viel davon isst.

Schneller Nudelsalat

Ideal als Resteverwertung für übrig gebliebene Nudeln.

Eine Tasse kleine Hörnchen- oder Muschelnudeln garen *oder* Nudelreste verwenden. Einen ½ Becher Fleischsalat (von Aldi) darunter mischen und mit etwas Gurkenbrühe, Wasser oder Milch verdünnen. Nach Belieben würzen und ergänzen mit Resten, die im Haus sind: gewürfelte saure Gurken, harte Eier, Gemüsereste, Reste von Kräuterquark oder Frischkäse.

9. Snacks und Spezialitäten

Leckermäuler aufgepasst: Köstliches muss nicht teuer sein. Was mittags auf dem Tisch steht, wird oft nicht gewürdigt. Doch mit den kleinen Extras in diesem Kapitel können Sie auf jeden Fall Kochlorbeeren einheimsen!

Sour-Cream-Dip

Zu Nachos, Chips oder Gemüse.

Zutaten für 2 Portionen:
1 Becher Schmand (oder saure Sahne, wenn Sie's nicht zu Aldi schaffen)
Salz
Pfeffer
Knoblauch, frisch oder granuliert
getrocknete Salatkräuter

Den Schmand mit den Gewürzen verrühren und etwas ziehen lassen, damit die trockenen Bestandteile die Feuchtigkeit annehmen. (Dumm, wenn der granulierte Knoblauch zwischen den Zähnen knirscht!)

Preis:
ca. 0,20 €
pro Person

(ohne Chips oder Nachos)

Tipp: Nachos auf einen Teller häufen, etwas geriebenen Käse darüber streuen und kurz in Backofen, Grill oder Mikrowelle erwärmen, bis der Käse schmilzt. Den Dip dazu servieren.

Preis:
ca. 0,40 €
pro Person

(je nachdem, wie billig Sie die Nachos ergattern)

Tipp: Als Vorspeise, zum Fernsehen oder als Teil eines kalten Büfetts: Zum Dippen in Streifen und Stifte geschnittenes rohes oder vorgegartes Gemüse dazu geben. Auch lecker – wenn auch etwas gehaltvoller: Statt Kräuterquark zu Ofen- oder Pellkartoffeln reichen.

Würstchen im Schlafrock

Schmeckt auch kalt und ist als Pausensnack oder Schulfrühstück sehr willkommen.

Zutaten für 2 Portionen:
1 Glas mit fünf Stück Bockwürstchen
1 Paket gekühlter Blätterteig
1 Ei
evtl. fünf dünne Scheiben Käse

Würstchen und, wenn Sie mögen, Käse in Blätterteigrechtecke einrollen; rechts und links soll noch ein Wurstende hervorschauen. Mit der Nahtstelle nach unten auf Backpapier legen und mit verquirltem Ei bestreichen. Bei 200 Grad im Backofen 10–15 Minuten backen.

Preis:
1 €
pro Person

Tunfisch-Frischkäse-Creme

Beilage: türkisches Fladenbrot

Prima fürs kalte Büffet oder einfach als Brotaufstrich.

Zutaten für 4 Portionen:

1 Dose Tunfisch im eigenen Saft
1 Dose dänischer Frischkäse »ohne«
1 kleine Zwiebel, fein gewürfelt
oder gehackt
Salz
Pfeffer
Knoblauch
evtl. Oliven, in feine Würfel
oder Ringe geschnitten
1 Fladenbrot

Den Tunfisch abtropfen lassen und in einem tiefen Teller mit einer Gabel fein zerdrücken. Mit den anderen Zutaten gut verkneten und mindestens 1 bis 2 Stunden im Kühlschrank durchziehen lassen.

In einer flachen Form ähnlich anrichten wie die türkischen Vorspeisen im Imbiss: flach streichen und mit einem Löffelrand ein Muster auf die Oberfläche eindrücken.

Preis:
0,70 €
pro Person

Variation: Schmeckt auch mit Ölsardinen – das Öl gut abspülen! So delikat, dass Sie niemandem verraten sollten, dass die Creme die als Billigfutter verschrienen Minifischchen enthält.

Knoblauch-Mayonnaise

Beilage: knuspriges Brot

Passt zu allem, was eine kalte, pikante Soße vertragen kann.

Zutaten für 3–4 Portionen:

2 Eigelb
1-2 Knoblauchzehen, gepresst
Salz
Pfeffer
ein Spritzer Zitronensaft
1/4 l eines geschmacksneutralen Öls
(Distelöl, Sonnenblumenöl, Pflanzenöl)
1 Brot

Die Mayonnaise mit einer Gabel oder einem Schneebesen in einem tiefen Teller oder einer flachen Schüssel anrühren.

Die Eigelbe mit allen Gewürzen kräftig verschlagen. Dann das Öl zufügen, zuerst tropfenweise, dann in einem dünnen Strahl.
Das Brot nach Wunsch im Backofen erwärmen und mit der Mayonnaise bestreichen.

Preis:
0,35 €
pro Person

Tipp: Wie Sie mit der Mayonnaise einen schmackhaften Kartoffelsalat zubereiten können, steht auf Seite 93.

Kräuterbutter

Beilage: Fladenbrot

Eine Verfeinerung für viele Speisen und Bestandteil jedes Party-Büfetts, das etwas auf sich hält. (Dass Sie uns nicht den Rest vom Büfett stehen lassen!)

Zutaten für 8 Portionen:

2 EL Salatkräuter, getrocknet
1 Päckchen Butter, 250 g
Salz
Pfeffer
Knoblauch, falls gewünscht
ein Spritzer Zitronensaft
1 Fladenbrot

Die getrockneten Kräuter in etwas Wasser einweichen. Anschließend in einem tiefen Teller mit der weichen Butter und den übrigen Zutaten verkneten.

Servieren: Einfach mit leckerem, knusprigem Brot servieren, das sich jeder selbst bestreicht! Sie kaufen nie mehr fertige Kräuterbutter, nicht mal die von Aldi …

Preis:
ca. 0,30 €
pro Person

(Zusammen mit zwei im Backofen aufgewärmten Fladenbroten kriegen 8 Personen je ¼ von einem Brot und Butter ab.)

Kräuter in Öl eingelegt

Zum Würzen von Salaten verwenden.

Frische Kräuter nach Wahl oder eine Kräuter-Mischung fein hacken – am besten mit einem Wiegemesser, ersatzweise mit dem größten Fleischmesser, das Sie haben. Das müssen Sie nur auf- und abbewegen, ohne dass Sie die Kräuter zerquetschen.
Die gehackten Kräuter in ein kleines Glas schichten. Wenn Sie mögen, gewürfelten (ebenfalls nicht zerquetschten) Knoblauch zugeben. Mit Olivenöl auffüllen, bis die Kräuter bedeckt sind, und durchziehen lassen. Das Öl hält sich im Kühlschrank eine Weile.

Preis: Der Preis ist schwer festzulegen; es kommt darauf an, ob Sie die Kräuter auf dem Markt kaufen oder aus Aldis Kräutertöpfen ernten.

Tipp: Eingelegte Kräuter sind ein »essbares Mitbringsel«, mit dem Sie preiswert Ehre einlegen können!

Blätterteig-Taschen mit Feta

Ein schnelles Abendessen oder ein leckerer kleiner Imbiss.

Zutaten für 6 Taschen:
1 Paket gekühlter Blätterteig
$^1/_2$ Päckchen Feta
1 Ei

Den Teig mit dem Backpapier ausrollen und mit einem scharfen Messer in sechs Teile schneiden. Auf eine Hälfte eines Rechtecks Fetascheiben legen (ca. ½ cm dick); die andere Hälfte darüber klappen und die Ränder gut festdrücken. Mit verquirltem Ei bestreichen und bei 200 Grad im Backofen 10–15 Minuten backen.

Preis:
ca. 0,70 €
pro Person

Variationen: Nach demselben Grundmuster können Sie sich andere Füllungen ausdenken, z.B. Gouda und Schinken, Feta mit Spinat, ein Rest Hackteig ...

10. Desserts und süße Sachen

Im Alltag bleibt wenig Zeit für aufwändige Desserts. Allzu teuer soll es natürlich auch nicht werden; schließlich wollen wir ja keinen zweiten Euro für den Nachtisch ausgeben.

Für ganz Eilige hält Aldi zahlreiche Milch- und Jogurtdesserts parat, die jedem Qualitätsanspruch standhalten. Da wir hier nur Schleichwerbung für Aldi veranstalten, aber nicht für andere Marken, kann ich Skeptikern nur raten, im Internet zu stöbern. Dort werden Sie feststellen, dass hinter fast allen Desserts ein großer Name steht.

Allerdings gibt es auch eine Menge Menschen, die wenig von Quark und Jogurt halten. Überhaupt ist ja der Fruchtjogurt erst in den letzten Jahrzehnten zu einem deutschen Nationalgericht geworden. Ältere Semester werden sich erinnern, dass die Becher, ohne die wir nicht mehr leben können, erst in den sechziger Jahren aufkamen. Ich weiß noch, dass ich die Neuerung bei Verwandten kennen lernte und mir der säuerliche Geschmack zuerst überhaupt nicht zusagte.

Ganz einfach und gesund bestreiten Sie den Nachtisch mit frischem Obst; oder auch mit einem schönen Obstsalat mit frischer Sahne. Dazu braucht auch ein Kochanfänger, der Sie vielleicht sind, kein Rezept. Aber vielleicht einen oder zwei Tipps?

Tipps für Obstsalate

Alle Kombinationen, die Äpfel oder Bananen enthalten, also Früchte, die rasch braun werden, sollten mit einem Löffel Zitronensaft angemacht werden, damit sie nicht oxydieren. Honig statt Zucker oder Süßstoff schmeckt delikat, und Sahne ist lecker und kalorienmäßig vertretbar, wenn Sie sie nicht mit Zucker erschlagen, sondern nur mit etwas Vanillinzucker aromatisieren.

Wenn nicht gerade Sparwoche angesagt ist, kommt echte Vanille gut. Inzwischen gibt es auch fertige Vanille-Zucker-Zubereitungen mit Bourbon-Vanille; die sind billiger und einfacher zu verarbeiten, weil Sie die Schoten nicht auskratzen müssen. Wussten Sie, dass Vanille aus einer Orchideenart gewonnen wird? Sagen Sie das Banausen, die sich über die schwarzen Stippchen in der Sahne beschweren – ist mir schon passiert!

Karamell-Quark

Für Quarkspeisen brauchen Sie sicher keine besonderen Anweisungen. Etwas Besonderes ist jedoch diese Quarkzubereitung. Allerdings brauchen Sie dafür eine Zutat, die es nicht bei Aldi gibt, nämlich Zuckerrübensirup; im »Normal-Supermarkt« unter dem Namen »... (nicht verraten)-Goldsaft« erhältlich.

Zutaten für 2 Portionen:
2-3 EL Zuckerrübensirup
250 g Magerquark

Den Sirup einfach unter den Quark rühren. Auf Grund mir unerfindlicher chemischer Eigenschaften gehen Quark und Sirup eine sehr cremige Verbindung ein, die Quarkverächter durchaus aufs Glatteis führen kann, so dass sie der Meinung sind, eine Sahnecreme zu sich zu nehmen.

Preis:
0,20 €
pro Person

Pudding

In einem Punkt hat die ewig aufdringliche Fernsehwerbung schon Recht, auch wenn sie uns damit ihre fertigen oder »blitzschnellen« Produkte aufschwatzen will: Pudding ist Liebe! Um wie viel mehr noch ein selbst gekochter ... Ein paar Ideen für eine süße Liebeserklärung.

Beinahe echter »Flan«

Kennen Sie Flan? Wenn Sie gerne nach Spanien fahren, bestimmt. Das ist dieses gelbliche, nach Vanille schmeckende Dessert, das gestürzt wird und vor allem durch die das Ganze ertränkende Karamell-Soße in Erinnerung bleibt.

Im Grunde ist Flan – ebenso wie seine französische Schwester, die Crème caramel – ein süßer Eierstich, der im Backofen im Wasserbad gegart wird. Original heißt der Pudding »baño de María« oder »bain marie«, also »Bad der Maria«. Für alle von uns, die nicht Maria heißen und Zeit und Strom sparen wollen, hier das Rezept:

Zutaten für 4 Portionen:
100 g Zucker
1/2 Liter Milch
1 Päckchen Vanille-Puddingpulver
Zucker für den Pudding

In einem kleinen Topf den Zucker schmelzen und karamellisieren lassen, bis er braun ist. Nicht zu dunkel werden lassen, sonst wird das Karamell bitter. Mit dem flüssigen Zucker entweder eine große Form oder vier kleinere Förmchen (Tassen) ausgießen. So schwenken, dass die braune Masse die gesamte Form auskleidet. Flüssiges Karamell ist höllenheiß; also äußerst vorsichtig sein und nicht in der Nähe von Kindern arbeiten.

Den Pudding nach Anweisung zubereiten, in die mit Karamell ausgegossenen Formen geben und nach dem Erkalten (am besten über Nacht) stürzen.

Preis:
ca. 0,12 €
pro Portion

Tipps:

- Den Pudding auf Schälchen mit etwas höherem Rand stürzen, denn die Zuckermasse hat Wasser gezogen, so dass der Pudding in einer braunen Karamellsoße schwimmt.
- Mit Karamell überzogene Kochinstrumente und Förmchen lassen sich leicht reinigen, wenn sie längere Zeit in Wasser eingeweicht werden.

Götterspeise aus Saft

Kinder lieben Götterspeise. Leider besteht die im Handel angebotene Mischung mit Waldmeister-, Zitronen- oder Kirschgeschmack nur aus Gelatine, Zucker, Lebensmittelfarbe und künstlichen Aromastoffen. Nehmen Sie stattdessen als Grundstoff einmal reinen Saft: Traubensaft, Apfelsaft (bei diesen Säften bleibt das Gelee schön klar, wenn sie nicht »naturtrüb« sind), Orangensaft oder Vitaminsaft.

Zutaten für 4 Portionen:
Gelatine, 1 Päckchen
½ l Saft nach Geschmack

Die Gelatine nach Anweisung in einer kleinen Menge Saft etwa 10 Minuten einweichen und dann erwärmen, bis die Gelatine sich gelöst hat. Die Mischung in den Saft rühren und das Ganze in eine Schale oder kleine Schüsselchen füllen und (über Nacht) im Kühlschrank erstarren lassen.

Preis:
0,15 €
pro Person

Servieren: Mit Vanillesoße oder Sahne servieren. Für große Leute: mit Eierlikör.

Tipps:

- Wenn die Götterspeise gestürzt werden soll, etwas weniger Flüssigkeit verwenden als angegeben, etwa 400 statt 500 ml pro Päckchen.
- Zuerst (wie für ein Aspik) einen so genannten »Spiegel« auf den Grund der Form gießen, d.h. ½ -1 cm hoch Saft-Gelatine-Mischung einfüllen und im Kühlschrank erstarren lassen. Darauf eine Schicht passende Früchte legen, z.B. helle bei Apfelsaft-Gelee oder rote bei Verwendung von Traubensaft. Mit der restlichen Flüssigkeit auffüllen und fest werden lassen.

Rührteig-Variationen

Backen. Für Sie ein Grauen? Hefeteig. Ein Schreckgespenst? Gar nicht zu reden von Brandteig, Mürbeteig, Quark-Öl-Teig, Blätterteig (außer dem tiefgefrorenen)? Wenn Sie die Wahrheit wissen wollen: Ich kann auch nicht besonders gut backen und habe einen Horror vor klitschigem oder zusammenfallendem Teig. Aber dieser einfache Rührteig mit Backpulver gelingt immer und hat mir – weil er sich unendlich variieren lässt – völlig zu Unrecht einen Ruf als begabte Bäckerin eingetragen. »Kannst du nicht einen Kuchen backen?«, schallt es immer aus unserem Bürgerzentrum, wenn ein Kinderfest ansteht.

An die Schüsseln, fertig, los! Hier kommt das Grundrezept:

Grundrezept für Rührteig

Die Grundmasse reicht für eine Spring- oder Kranzform oder 1 kleines Blech.

250 g Zucker
1 Päckchen Vanillin-Zucker
250 g Butter
3-4 Eier (je nach Größe)
1 Päckchen Backpulver
450 g Mehl
etwa 1/8 l Milch
1 Fläschchen Backaroma, je nach Rezept

Alle Backzutaten sollten die gleiche Temperatur haben; also rechtzeitig vor dem Backen herausstellen. Ausnahme: Die Butter kann in einem kleinen Topf oder in der Mikrowelle vorgewärmt werden; sie darf aber auf keinen Fall richtig flüssig sein.

Den Zucker, Vanillin-Zucker und die weiche Butter mit dem Mixer sehr schaumig rühren (die Masse muss weißlich aussehen). Dann die Eier eines nach dem anderen unterquirlen; jedes Ei sollte vollständig eingearbeitet sein, bevor das nächste folgt. Wenn Sie »von Hand« rühren, hierzu einen Schneebesen verwenden, später einen großen Holzlöffel.

Das Backpulver unter das Mehl mischen und beides nach und nach einrühren; wenn der Teig zu fest wird, Milch zugeben. Der Teig muss schwer und »reißend« vom Löffel oder Quirl fallen und darf keinesfalls zu flüssig sein. In dieser Phase geben Sie auch das Backaroma dazu. 50–60 Minuten bei 175 bis 200 Grad im Backofen backen. Der Kuchen ist gar, wenn an einem tief hineingesteckten Holzstäbchen (oder Rouladennadel) kein flüssiger Teig mehr haften bleibt.

Preis:
ca. 2 €
pro Kuchen

Bei 4 Essern bekommt jeder ¼ Kuchen für 0,50 €.

Tipps:

- Die Teigmasse lässt sich für kleine Haushalte auch halbieren und passt dann in eine kleine Kastenform. (½ Päckchen Backpulver macht ungefähr 2 gehäufte Teelöffel aus.)
- Perfektionistische Bäckerinnen und Bäcker sieben das Mehl durch, damit der Teig feiner wird. Es gibt spezielle Siebe dazu; ein normales Küchensieb aus Draht tut's aber auch.

Rührteig-Variationen

Marmorkuchen

1 Grundrezept für Rührteig
(siehe Seite 108–109)
1 Fläschchen Backaroma »Rum«
oder einige EL Rum
30 g Kakao
20 g Zucker
2 EL Milch
etwas Butter zum Ausfetten der Form

Das Backaroma in den Teig rühren. Eine antihaft-beschichtete Form (etwa Springform mit Kranz-Einsatz) gut mit Butter ausfetten und zwei Drittel des Teiges einfüllen. Den Rest mit Kakao, Zucker und Milch verrühren und darauf geben. Mit einer Gabel spiralförmig durch den Teig fahren, so dass die Schokoladenmasse untergehoben wird.

Preis:
2,50 €
pro Kuchen

(0,30 € pro Stück)

Feine Variationen: Schokosplitterkuchen: ½ Tafel Schokolade auf einem Brett mit einem großen Messer grob hacken und unter den dunklen oder den ganzen Teig ziehen. Den abgekühlten Kuchen mit Schokolade überziehen.
Oder 1 Tasse geriebene Mandeln und ½ Fläschchen Bittermandel-Aroma unter den Teig mischen.

Zitronenkuchen

1 Grundrezept für Rührteig
(siehe Seite 108–109)
1 Fläschchen Zitronenaroma
1 Zitrone (unbehandelt)
200 g Puderzucker

Das Zitronenaroma und das Abgeriebene der Zitronenschale unter den Teig geben. In einer Kastenform backen. Aus 2 EL Zitronensaft und dem Puderzucker einen Guss rühren und über den Kuchen geben.

Preis:
2,80 €
pro Kuchen

(0,35 € pro Stück)

Smarties-Kuchen

1 Grundrezept für Rührteig
(siehe Seite 108–109)
Smarties
Schokoladenguss

Eine Hand voll Smarties unter den Kuchenteig heben. Nach Fertigstellung mit Scholokadenguss überziehen und auch diesen mit Smarties besetzen, solange die Glasur noch weich ist.

Preis:
3,50 €
pro Kuchen

(ca. 0,44 € pro Stück)

Fantasie-Geburtstagskuchen

Zum sechsten Geburtstag meiner Tochter – sie hatte damals eine akute »Kleiner Vampir«-Phase – habe ich einmal mit Gummi-Fledermäusen einen Vampir-Kuchen dekoriert, auf dem »106 Jahre« zu lesen stand.

1 Grundrezept für Rührteig
(siehe Seite 108–109)
Schokoladenguss

Für die Dekoration:
Fruchtgummi, Lakritze o.Ä.

Den Rührteig mit Schokosplittern, Mandarinenstückchen o. Ä. nach Geschmack zubereiten und in einer Springform backen. Mit weißer oder Vollmilch-Kuvertüre überziehen und, solange der Guss noch weich ist, mit Fruchtgummi-, Schaumzucker- oder Lakritzmotiven dekorieren, die zum Geburtstagskind passen.

Preis:
3,50 €
pro Kuchen

(ca. 0,44 € pro Stück)

Tipp zum Beschriften: Flüssige Kuvertüre in einer kontrastierenden Farbe – weiß auf Vollmilch oder umgekehrt – in einen Tiefkühl-Folienbeutel füllen, ganz vorsichtig eine kleine Ecke abschneiden und mit dieser Mini-Spritztüte die Schrift in der Mitte des Kuchens anbringen.

Mandelkrokant

Süßmäulern schmeckt folgendes Mandel-Rezept:

Zutaten für 2 Portionen:
125 g Zucker
100 g Mandeln (gehackt oder gestiftelt)

Den Zucker in einem Topf karamellisieren lassen. Er darf nur hellbraun werden, zu dunkles Karamell schmeckt leicht bitter und wird nach dem Abkühlen so hart, dass Sie sich die Zähne ausbeißen. Gehackte oder gestiftelte Mandeln hinzufügen und so lange rühren, bis sie gleichmäßig überzogen sind. Dann entweder die ganze Masse auf Backpapier gießen, dünn ausstreichen und nach dem Erkalten in Stücke brechen. Oder mit einem Löffel kleine Häufchen auf Backpapier setzen und flach drücken.

Preis:
0,45 €
pro Person

Tipp: In Klarsichttütchen abgefüllt und mit einem hübschen Bändchen verschnürt eignet sich der Mandelkrokant auch als leckeres, originelles Mitbringsel.

Trüffelpralinen

Eine Köstlichkeit – nur kalorienscheu darf man nicht sein.

Zutaten für etwa 25-30 Pralinen:
2 Tafeln Vollmilchschokolade
2-3 EL Sahne
40 g Butter

Pralinenkapseln aus Papier (250 Stück im »Normal«-Supermarkt für ca. 2,99 €)

In einen kleinen Topf ein wenig Sahne geben, so dass der Boden gerade bedeckt ist. Kurz auf die heiße Herdplatte stellen, dann herunterziehen und die klein gebrochene Schokolade hineingeben. Unter Rühren schmelzen lassen (die Temperatur so niedrig wie möglich halten). Die Schokoladenmasse wirkt zunächst etwas klumpig und hält nicht zusammen. Jetzt vorsichtig noch weitere Sahne zugeben; keinesfalls alles auf einmal, sondern lieber etwas übrig behalten. Eventuell noch einmal kurz auf die warme Herdplatte stellen und weiterrühren.
Jetzt kommt es auf den richtigen Zeitpunkt an. Irgendwann beginnt die Masse zu glänzen und löst sich als weicher Teigklumpen vom Topfboden ab. Nun die Butter zugeben und rühren, bis sie sich ganz mit der Schokoladenmasse verbunden hat.

Die Schokoladenmasse in eine Spritztüte geben und in die Pralinenkapseln füllen.

Preis: ein halbes Pfund Pralinen für etwas über 1 €

(die Pralinenkapseln mit 0,25 € – 0,30 € eingerechnet)

Tipps:

- Auch wenn wir sparen wollen: Bitte nehmen Sie Einweg-Spritztüten aus dem »Normal«-Supermarkt, denn die Schokomasse hinterlässt einen Fettfilm, der sich kaum entfernen lässt. Wenn die speziellen Einweg-Tüten aufgebraucht sind, können Sie die Plastiktüllen auch in einen Aldi-Tiefkühlbeutel setzen, dessen eine Ecke Sie abgeschnitten haben.

- Ideal als kleines Geschenk: In ein hübsches Schälchen oder einen originellen Kaffeebecher geben, mit Transparent-Folie und einer schönen Schleife verpacken und man wird glauben, Sie verschenken ein exklusives Mitbringsel aus einem Spezialitäten-Geschäft!
- Sollen Sie zu einem Büfett oder sonstigem Gelage etwas mitbringen, dann lässt sich diese Gabe gut im Voraus zubereiten und weit besser transportieren als etwas, das den Autositz voll tropft oder durch die U-Bahn balanciert werden muss.

Pralinen-Variationen

Trüffelpralinen mit Cappuccino

Einen EL Pulverkaffee in der Sahne schmelzen, bevor Sie die Schokolade daran geben; oder eine 200-g-Tafel Kaffee-Sahne-Schokolade verwenden (0,89 €); fertige Pralinen durch ein kleines Sieb mit Kakaopulver überstäuben.

Trüffelpralinen mit Marzipanfüllung

Einen Kleks Schokoladenmasse in die Hütchen spritzen und einen winzigen Würfel Marzipan-Rohmasse darauf setzen. Erst dann die Kapsel ganz füllen.

Trüffelpralinen mit Rumrosinen

Jeweils eine gut abgetropfte Rumrosine in die Pralinenkapseln setzen.

11. Fixe Pfannen – Einfacher geht's nicht

Einfacher, als alles in eine Pfanne zu werfen, geht es nicht. Auch der Abwasch fällt geringer aus – wichtig für alle, die noch mit der Spülmaschine Marke »Mamirette« oder »Papirette« spülen, nämlich von Hand.

Reste lassen sich in der Pfanne wunderbar recyceln: übrig gebliebener Reis, Nudelreste, ein Schüsselchen Couscous ... Einfach nach Lust und Laune kombinieren.

Schnell angebraten sind ein, zwei Hähnchenfilets oder ein halbes Paket Hackfleisch (TK). Gemüse dazu, was man eben so hat, oder auch rasch etwas aus dem Tiefkühlvorrat. Reis oder Nudeln mit erhitzen, so dass die Aromen sich verbinden.

Gerade bei Reis ist es wichtig, dass er abgekühlt und ausgequollen ist. Wenn Sie ihn dampfend in die Pfanne kippen, erzielen Sie ein ziemlich pampiges Resultat. Deswegen gilt bei Reis: Auch wenn keine Reste zum Einsatz kommen, vorkochen – beispielsweise gleich morgens nach dem Frühstück und dann bis zum Mittag abkühlen lassen.

Bei den fixen Pfannen erweist sich allerdings mal wieder die alte Wahrheit, dass man zuerst investieren muss, um nachher erfolgreich sparen zu können! Eine schwere Pfanne mit Anti-Haftbeschichtung, hohem Rand und gut schließendem Glasdeckel tut gute Dienste, weil nichts über den Rand kleckert oder anklebt und bequem 2–3 Portionen hineinpassen.

Blitzschnelle Bulgur-Pfanne

Natürlich kommen hier auch die raschen Rohstoffe Bulgur und Couscous wieder vorteilhaft zum Einsatz!

Zutaten für 2-3 Portionen:
1 dicke Zwiebel
1 Knoblauchzehe
Olivenöl zum Braten
2-3 Paprikaschoten
(möglichst verschiedene Farben)
2 große Hähnchenfilets
oder
250 Hackfleisch
Salz
Pfeffer
etwas Brühe (Würfel oder gekörnt)
100 g Bulgur

Die Zwiebel würfeln, den Knoblauch pressen und in Öl glasig dünsten. Währenddessen die Paprika putzen und in ½ cm breite Streifen schneiden. Die Hähnchenfilet ebenfalls in Streifen teilen. Das Gemüse zusammen mit dem Fleisch in die Pfanne geben, mit Salz und Pfeffer würzen und bei mittlerer Hitze braten, bis das Fleisch gebräunt und die Paprika fast gar ist. Dann etwas Brühe angießen (bzw. Wasser und Brühwürfel zugeben) – nicht zu viel! Die Temperatur kurz hochschalten, bis die Brühe kocht, und Bulgur einrühren. Den Deckel drauf, Herd ausschalten und für zehn Minuten vergessen. Dann ist der Bulgur ausgequollen. Noch einmal durchrühren, eventuell nachwürzen und/oder etwas Brühe zugeben.

Preis:
0,70 € bis 1 €
pro Person

(Das hängt von dem Preis der Paprika ab.)

Tipp: Auch einmal mit Couscous probieren.

Italienische Gemüse-Käse-Pfanne

Auch ohne Fleisch ein Genuss.

Zutaten für 2 Portionen:
500 g Kartoffeln
1 Zwiebel
Öl zum Braten
Salz
Pfeffer
gemischte Kräuter oder 1 TL »Salatkräuter gefriergetrocknet«
½ Tüte TK-Pfannengemüse »italienisch«
½ Tüte geriebener Emmentaler (eventuell gemischt mit einem Rest Parmesan)

Die Kartoffeln schälen und in Würfel von ca. 1,5 cm Kantenlänge schneiden. Die Zwiebel würfeln. Beides in Öl anbraten und sparsam mit Salz, Pfeffer und den Kräutern würzen (denn das Gemüse ist vorgewürzt). Danach den Deckel auflegen, bis die Kartoffeln fast gar geschmort sind. Das Gemüse zugeben und zugedeckt fertig garen. Den Käse darüber geben und noch einmal den Deckel darauf, bis der Käse geschmolzen ist.

Preis:
ca. 0,80 €
pro Person

Tipp: Wichtig ist bei diesem aromatischen Gericht, nicht unnötig oft den Deckel zu lupfen, damit sich die Düfte nicht verflüchtigen.

Nasi Goreng

Nasi Goreng heißt wörtlich übersetzt »Bratreis« und wird in Indonesien oft schon zum Frühstück gegessen.

Zutaten für 2-3 Portionen:
½ Tütchen getrocknetes Nasi-Goreng-Gemüse (aus dem Spezialitätenregal, »Boemboe Nasi Goreng«)
2 Eier
2 Hähnchenfilets
oder
entsprechende Menge anderes, fettarmes Fleisch
2 Tassen Sojasprossen
oder
Asiatische Gemüsemischung (TK)
3 Tassen gekochter Reis

Zuerst das Trockengemüse nach Anweisung einweichen. Aus den Eiern in der Pfanne ein dünnes Omelett backen, herausnehmen und beiseite stellen.

Das Fleisch fein schnetzeln und anbraten. Dann das eingeweichte Gemüse zugeben und mit schmoren. Anschließend das frische Gemüse zufügen und fast gar braten. Zum Schluss den gekochten Reis unterheben und heiß werden lassen.
Das fertige Gericht mit den fertigen Omelettstreifen garnieren – so wird es in Indonesien gemacht.

Preis:
1,30 € (2 Pers.) bzw.
0,90 € (3 Pers.)

Tipp: Das Gericht mit seiner pikanten Würze verträgt es auch, wenn es mit etwas mehr Reis »verlängert« wird.

12. Fertiggerichte – Preiswert und gesund aufgepeppt

Aldi bietet seinen Jüngern inzwischen tiefgefroren und in Dosen eine große Menge Fertiggerichte an. Die schnellen Helfer sind natürlich nicht zur Dauer-Ernährung gedacht, sondern eher für Notfälle geeignet. Doch mit ein paar Extrazutaten lassen sie sich sowohl vitaminmäßig aufrüsten als auch »verlängern«.

Überlegen Sie vor allem bei den leckeren Bohnen-, Erbsen- und Linsensuppen oder den vielseitig verwendbaren Kidney-Bohnen, ob Sie sie selbst zubereiten. Gespart werden soll ja nicht nur am Kochtopf, sondern auch bei der Energie. Über Nacht einweichen und dann stundenlang kochen – die Mühe erspart uns zum Glück die Industrie.

Die leckeren Dosensuppen, die im Preis zwischen 0,79 € und 0,89 € liegen, sind Spargerichte. Doch mit ein paar frischen Zutaten lässt sich mehr daraus machen – für mehr Esser und mehr Gesundheit!

Feurige Bohnensuppe

Zutaten für 2 Portionen:
bunte Paprika (TK; oder frische Paprika)
1 Dose »Texas Feuerbohnentopf«
1 Dose rote Kidney-Bohnen

Die Paprika klein schneiden und im Kochtopf mit etwas Olivenöl kurz andünsten. Die Bohnensuppe und die Kidney-Bohnen (mit der Einweichflüssigkeit) dazugeben und zusammen ein paar Minuten köcheln lassen.

Preis:
ca. 0,75 €
pro Person

Variation für 4 Personen: Diese beliebte Dosensuppe ist so kräftig gewürzt, dass sie auch weitere Verlängerungen zulässt, ohne an Geschmack zu verlieren. Zwei Dosen Kidney-Bohnen und mehr Paprika verwenden und gewürfelte »Chorizo«-Salami zugeben (bei Aldi: 400 g für 2,99 €).
Preis: ca. 0,55 € pro Person

Tipp: Original-»Chorizo« vom Spanier ist eine typische luftgetrocknete Paprikawurst, von der verschiedene Varianten existieren: als feine Scheiben fürs Brot, als Vorspeise oder als kleine Würste ähnlich unserer Eintopf-Mettwurst.

Beilage: Tomatensalat und türkisches Fladenbrot oder Baguette.

Linsensuppe

Zutaten für 2 Portionen:
2-3 Kartoffeln
Suppengemüse
Brühe
2 Mettenden
1 Dose Linsensuppe

Die Kartoffeln würfeln und mit dem Suppengemüse in wenig Brühe garen. Die Mettenden zu den Kartoffeln und dem Gemüse geben und heiß werden lassen. Die Suppe dazugießen.

Preis:
ca. 0,90 €
pro Person

Tipp: Mettenden sind zwar lecker, aber mit 35 % eine Fettbombe. Entschärfen lohnt sich, auch wenn Sie nicht auf Diät sind. So geht's: Mettwürste in Scheiben schneiden, in der Pfanne auslassen. Sie werden sich wundern, wie viel Fett austritt! Scheiben aus dem Fett heben und in die Suppe geben.

Erbsensuppe

Zutaten für 2 Portionen:
2-3 Kartoffeln
Suppengemüse
Brühe
2 Wiener oder andere Würstchen
1 Dose Erbsensuppe

Die Kartoffeln würfeln und mit einer Hand voll tiefgefrorenem Suppengemüse (leider nicht bei Aldi) in etwas Brühe gar dünsten. Die Wiener in dicke Scheiben schneiden – ein paar kleine Würstchen enthält die Dose bereits –, zusammen mit der Suppe dazugeben und heiß werden lassen.

Preis:
ca. 0,75 €
pro Person

Hühner-Nudelsuppe

Zutaten für 2 Portionen:
1 Dose Hühnersuppe
1 kleines Hähnchenfilet
evtl. Muschelnudeln
Kräuter, frisch oder gefriergetrocknet

Die Hühnersuppe eventuell über Nacht in den Kühlschrank stellen, um sie zu entfetten. (Dazu erkaltetes Fett von der Oberfläche abheben.) Danach erhitzen. Das Hähnchenfilet klein würfeln und in der Suppe gar ziehen lassen. Eventuell noch Muschelnudeln in etwas Brühe garen und dazugeben. Nach Geschmack nachwürzen und zum Schluss Kräuter hinzufügen.

Preis:
ca. 1 €
pro Person

Die »kleinen« Dosen

Festtagssuppe

Die leckere Aldi-Fertigsuppe ist in ihrer ursprünglichen Form eher als Vorsuppe geeignet, denn sie enthält viel Brühe mit etwas Gemüse-, Fleisch- und Nudeleinlage. Zwei Dosen davon lassen sich mit einem gewürfelten Hähnchenfilet und Sternchen-Suppennudeln zu einer sättigenden Nudelsuppe für zwei bis drei Personen verlängern.

Zutaten für 2 Portionen:
2 Dosen Festtagssuppe
1 Hähnchenfilet (TK)
Suppennudeln
Kräuter, frisch oder gefriergetrocknet

Die Festtagssuppe in einem Topf erhitzen. In der Zwischenzeit das Hähnchenfilet klein würfeln. Zusammen mit den Suppennudeln in der Suppe gar ziehen lassen. Nach Geschmack nachwürzen und mit den Kräutern abschmecken.

Preis:
ca. 1 €
pro Person

Gulaschsuppe

Zutaten für 2 Portionen:
Paprikastreifen, frisch oder tiefgefroren
Öl oder Brühe
2 Dosen Gulaschsuppe
Reste von gekochten Kartoffeln, Nudeln oder Reis

Die Paprikastreifen in etwas Öl oder Brühe gar schmoren. Die Gulaschsuppe darauf gießen und einen Rest gekochte Kartoffeln, Reis oder Nudeln dazugeben.

Preis:
ca. 1 €
pro Person